REFLEXIONES Y VERSOS

Por Andrés Batista.

REFLEXIONES Y VERSOS.

Copyright©2013   Por: Andrés Batista

Reservados todos los derechos para todos los países. Ninguna parte de esta publicación puede ser reproducida, distribuida o transmitida por ninguna forma o medio, incluyendo: fotocopiado, grabación o cualquier otro método electrónico o mecánico, sin la autorización previa por escrito del autor, excepto en el caso de breves reseñas utilizadas en críticas literarias y ciertos usos comerciales dispuestos por la ley de derechos de autor.

El autor puede ser contactado en: batista445@gmail.com.

De venta en: AMAZON.COM

DEDICATORIAS

Al amor de mi vida, inspiradora de mis versos y tormento de mis sueños.

A mis hijos, Maria y Roberto.

A mis nietos Andre, Marco, Jonathan, Annalisa, Antonio y Dante.

A mi sobrinita Lena Ashford Díaz:

> Como sinónimo del amor,
> también con cuatro letras,
> se escribe el nombre «Lina».
> Como un regalo del cielo,
> tu has llegado hasta nosotros, dulce niña.
>
> Con tu tierna carita de ángel,
> tu presencia todo lo ilumina.
> Como dos brillantes luceros,
> tus ojitos tiernos nos ofrecen miradas
> que a todos nos alegran la vida.
>
> Te adoramos, hermosa creatura,
> es fascinante llamarte Lina.
> A todos nos embrujas con tu belleza
> y te guardan en sus corazones
> tus abuelitos César y Silvia.
>
> Tu angelical sublimidad es única,
> naciste bendecida por el creador.
>
> ¡Lina! ¡Lina! ¡Qué hermoso nombre!
> llegas a nosotros y nos traes un mensaje
> que transmite paz, alegría y amor.

Que Dios te bendiga y te proteja
durante el transcurso de toda tu vida.
En nuestros corazones tu estarás siempre
como la niña más hermosa y más querida.
Es exquisito repetir tu nombre: Lina, Lina,
porque eres nuestro tesoro, adorable niña.

Agradecimientos:

Quiero en primer lugar dar gracias a Dios por inspirar en mí el material que contiene este proyecto que humildemente presento en forma de "Reflexiones y Versos".

También desde el fondo de mi corazón doy las gracias a mi gran amigo, maestro y editor, Dr. César R. Cabral y a su esposa Martha Silvia. La cooperación y el apoyo que ellos me han brindado han hecho posible el éxito de mi trabajo. De ellos solo recibo palabras positivas que afirman la fe en el talento que ellos me reconocen.
Compartir con ellos, más que satisfactorio, es un honor. Por su sincero cariño y su tolerancia les estoy muy agradecido y siempre los llevaré en mi corazón.

Además, doy las gracias a mis fieles lectores que han apoyado mis publicaciones anteriores, Lluvia de Besos, Volúmenes I, II y III. Espero que hayan encontrado temas de su agrado y de algún provecho.

PROLOGO

Con profunda satisfacción presento una vez más a Andrés Batista, autor de "Lluvia de besos", colección que alcanzó ya su tercer volumen, todos con su característica y encantadora sencillez de rima e inspiración.

Esta vez, Andrés nos ofrece un paso más: a sus Versos ha añadido sus Reflexiones, fruto de la madurez de una vida sazonada por las exquisitas especias de la sabiduría que no la da Salamanca, sino solamente la experiencia de la lucha con el constante desafío de la existencia humana. Alternadas con sus versos, encontramos aquí aleccionadoras e inspiradoras reflexiones que dieron por resultado final esta obra titulada "Reflexiones y Versos".

Aquí el lector tiene un menú para elegir, de acuerdo a su aspiración del momento: entretenerse con la rima refrescante o enfocar la atención en la meditación y el análisis de los aconteceres de la existencia humana.

No importa el plato que elijas, te garantizo que lo vas a disfrutar a satisfacción.
¡Buen provecho!

Dr. Cesar R. Cabral Delgado
Palm Beach Gardens, Florida
Diciembre 10, 2013

ABNEGACION MATERNA

Este humilde poema está dedicado a todas las madres y también a las abuelitas que tanto adoran a sus nietos. En el día de Las madres pidamos al Padre eterno que las bendiga y las proteja a todas con su inmenso poder.

Largas horas de silencioso sufrimiento,
rostro cansado de tanto llorar,
lágrimas que una tras otra
corren al través de los años
marchitando aquellas sublimes mejillas
de mujer consagrada solo a amar.

Sólida como una invencible roca,
con manos tiernas como pétalos de rosa.
con amor puro, vigoroso, sin límite,
sin tiempo ni condición,
inagotable fuente de inédita ternura
como un rio brota de su amplio corazón.

Benditas sean las madres
de todo el universo,
pedestal único de nuestra existencia.
Que el Señor las mire desde el cielo
con una bendición eterna.
Feliz día, queridas madres.
Feliz día, queridas abuelas.

OVEJAS QUE SIGUEN A SU PASTOR

Ovejas que caminan en silencio,
Siguen a su pastor a paso lento.

Con decorosa sumisión y sin reproche
aguardan calladas en la oscura noche.

Con singular afecto siguen a su pastor
las ovejas formando una columna de amor.

Ovejas con exclusión tolerante,
con serenidad suprema siguen adelante.

Siguen su dueño y señor con fe inalterable,
con pasivos movimientos cruzan el inmenso valle.

Creaturas incansables como el aire que respiran
con resistencia indestructible lentamente caminan.

Ovejas sin prisa, de vida simple y sana,
su único dueño y señor, es su pastor que las ama.

INEXPLICABLE

Continúa el misterio
de una palpitante inquietud.
Aun no logro comprender
este profundo sentimiento.
Tu imagen es intacta y firme
como una fascinante guía
de todos mis pensamientos.

Es imposible que pueda yo explicarte
por qué te amo tanto.
No sé cuándo ni cómo a mi alma entraste,
yo no necesito saberlo
tu estas aquí y te estoy amando.

Es inexistente en mí la duda
que eres el amor de mi vida.
Tu has despertado en mi pasiones nuevas
que misteriosamente
han curado todas mis heridas.

Eres un rayo de luz ardiente
que inyecta calor a mis días.

Solo tu amor trae ternura a mi alma
y a mi corazón paz y alegría.

Eres mi eterna ilusión
dulce y tierna amada mía.

RIO DE PASIONES

Ya no sueño contigo en mis noches
como lo hacia antes.
Hoy eres la exquisita realidad
de este gran amor
que inalterablemente
para mi está en el aire.

Te veo en todo lo natural y bello.
Te escucho en todas las melodías.
Te recuerdo y con ansiedad te añoro,
una extraña sensación
tu insertas en mis días.

Te anidaste en mi corazón
cuando plenamente vacío se encontraba.
Surgió para mí el excelso milagro
de esta insondable pasión
que tanto yo esperaba.

Eres el prodigio en mi vida.
Eres la exclusividad de mis deseos.
Eres el pedestal de mi existencia.
Eres el complemento de todos mis anhelos.

En tus ojos está la inmensidad del cielo.
En tus labios está la belleza de las rosas.
La blancura de los lirios está en tus pechos,
es óptimo el deseo de besar tu boca.

Un rio de pasiones tú me inspiras,
como el fuego corre por mis venas.
Es fascinante y torturante a la vez
contemplar tu exuberante belleza.

ABSOLUTA QUIETUD

Este poema está dedicado a mis buenos amigos Amparo y Ramón como un bello recuerdo de su casa- rancho donde pasamos un fin de semana santa, compartiendo con un grupo de familiares y amigos .Marzo29/30/31 año2013

Un fin de semana saturado de armonía
compartiendo con amigos calidad de vida.
Repartiendo buen humor toda la tarde
transcurre el primer día
en este bello campo de la Florida.

Es la casa campo de Amparo y Ramón
con ambiente ideal para el descanso;
reina la alegría, la paz y el amor,
siempre hay visitas en esta casa- rancho.

La naturaleza anuncia el amanecer,
cantan los grillos y las aves por todos lados;
ladran los caninos, cantan los gallos,
todos anunciando un nuevo día que ha llegado.

Es la conclusión de la semana santa,
días de recogimiento y reflexión.
Llega el Domingo y con inmensurable júbilo
celebramos juntos la resurrección.

Que el Padre bendiga siempre desde lo alto
a nuestros auténticos amigos Amparo y Ramón.

NOSTALGIA

¡Sinceridad! ¿Dónde la encuentro?
Transcurren los días,
transcurren los años.
Me sorprenden las decepciones.
Evidentemente, se ausenta
la franqueza en el ser humano.

¿Dónde está aquel hombre verídico
que nuestra confianza inspira?.
En nuestro mundo avanzado
todo se transforma,
haciendo aun más compleja la vida.

Es sorprendente nuestra insensata conducta,
que a pasos gigantes todo lo cambia.
Es muy difícil el día de hoy
y aun más arduo será el de mañana.

Hoy con claridad llega a mi mente
aquel genuino y simple pasado,
falto de avanzada tecnología.
El hombre carecía de medios modernos
en cambio la sinceridad existía.

TE HE BUSCADO Y NO TE ENCUENTRO

Te he buscado y no te encuentro.
me mata la angustiosa realidad
que no te tengo.

Mis ojos lloran porque no te veo,
mi mente me entristece cuando te pienso.
Sin fuerzas mis brazos caen vencidos
cuando solo abrazan el viento.

¡Sin ti no vivo! No existe la ilusión en mí.
Tengo miedo de tomar el sueño
y de nuevo despertar sin ti.

Hoy te amo con insondable tristeza
te espero con los brazos abiertos y tu no llegas

Ya no sé como continuar añorándote
porque solo sé vivir amándote.

Mi existencia carece de valor y de sentido
cuando mi corazón me dice que te he perdido.

Hoy no quiero cerrar mis ojos ya cansados de no verte.
Solo lastimosas lágrimas brotan de ellos de repente.

Las noches son una tormenta eterna
amándote en silencio porque no llegas.

Soy impotente ante este dolor inmenso.
De nuevo todo se apaga,
porque te busco y no te encuentro.

HOMBRE HONORABLE Y SINGULAR

Afortunado es aquel hombre
capaz de conocerse a sí mismo.
Su vida es válida y plenamente productiva.
Va construyendo bienestar en su camino.

Dichoso es el hombre bondadoso
con un cálido y modesto corazón.
Su imagen se proyecta con sus hechos,
rodeado siempre está de respeto y amor.

Muy admirado es siempre el hombre honesto
que con su humildad se manifiesta.
Su vida es como un valle fértil
donde existe un manantial de agua fresca.

No hay palabras para expresar
el precio de un hombre íntegro,
aquel ser honorable y singular
que con auténtica actitud
continúa su camino.

Varón que posee un sereno espíritu
por nacer dotado de incontestable valor.
Lo creó a su imagen y semejanza
Nuestro padre en su perfecta creación.

DESPERTAR EN LOS JARDINES DE PALM BEACH.

Los jardines de Palm Beach duermen
calmadamente en horas de la madrugada.
Es una exótica mañana de primavera,
se escucha la sofisticada melodía
de los pajarillos que alegremente
le cantan al amor y a la vida.

Una ventana parcialmente abierta
cede el paso a la suave brisa.
Con singular encanto
inserta en mi habitación
una quietud agradable y exquisita.

Es fascinante el contraste del aire
con el armónico sonido
que con su solemne diálogo
elaboran los pajarillos.

Es espléndido despertar
en los jardines de Palm Beach,
compartiendo con seres muy queridos.
Otro amanecer de óptima belleza
en la atrayente Florida.

Después de la lluvia
han despertado las flores.
Una nueva alborada
le sonríe a la vida inspirando amores.

Aun se escucha el dulce llamado
de tantas creaturas bellas,
muy felices cantando anuncian
que un nuevo día llega.

AFLICCION

Como un cálido sol
que con sus rayos quema sin piedad
la yerba en el bosque,
así se marchita le existencia
de aquel ser desconsolado,
condenado al sufrimiento,
llorando en silencio, en sus afligidas noches.

Un gran amor que un día fue real,
inspirador de una profunda pasión.
Hoy solo ha quedado el amargo recuerdo
de lo que un día fue aquel gran amor.

Ineludible surgen los días
con incesante y cruel martirio,
como una tortura interminable y feroz.
Almas consumidas por el extremo dolor
de aquel gran amor
que con el tiempo se marchó.

Caen las noches inhumanas y oscuras
saturadas de un mortal silencio,
añorando y sufriendo en vano
por un amor que se ha llevado el viento.
Solo queda el tormento y la angustia
de aquella gran pasión
que murió con el tiempo.

SALVAJE Y CRUEL BELLEZA

Quizás aquella fue la primera vez
que aquel apuesto joven
disminuyó su orgullo para pedir una disculpa.
Excusa mi torpeza, le dijo muy de cerca,
mirando fijamente a aquella hermosa mujer.
No es mi intención tiznar tu sensual belleza.

El solo deseaba ingresar en su corazón
y despertar un sentimiento de afecto.

Con la valentía que solo produce el amor
aquel joven no se rendía
ante la hiriente indiferencia.
«Tu desamor es inaceptable», le dice
porque no logro desistir de ti.

Soy pródigo de amor contigo,
quizás irreverente ante tus ojos.
Eres primordial en mi vida,
solo espero el galardón de tu cariño
porque tu esencia me cautiva.

Me siento jovial al oír tu voz
aun sea una melodía distante.
Inexplicablemente sigo tus pasos
esperando que un día tú decidas escucharme.

Inaccesible y hermosa como Venus,
airosa tranquila y salvaje,
aquella cruel belleza se marcha.
No se detiene a escuchar la súplica,
de aquel joven locamente enamorado,
de rodillas diciéndole que la ama.

FLORES QUE NUNCA SE MARCHITAN

Tal parece que los años
en tu belleza no dejan huellas.

Muy pocas flores nunca se marchitan
y tú con tu esplendor
eres una de ellas.

Despiertas sueños solo con existir,
pareces ajena a tu exuberante candor.

Como una estrella tú brillas donde estás,
inspirando pasiones
y despertando amor.

Toda la belleza de tu alma
está reflejada en tus ojos.
Es fascinante tu expresión angelical.
La naturaleza puso en ti
todo lo sublime y real.

Es alucinante mirar tus labios rojos
y una cruel tortura no poderlos besar.

Eres la causa de tantos anhelos prohibidos.
En tus mejillas está sellado el encanto
de tu inexplicable carisma.
Eres poseedora del misterio
de una exquisita flor
que nunca se marchita.

DOLOROSO CAMINAR

Continúo con sólida resistencia esperando
aquella prometida intimidad.
Pasan los días recordando tus palabras
cuando me juraste que en mis brazos estarás.

Ya no quedan expresiones en mis labios
para decirte lo que tú
representas en mi vida.
Hoy ardientemente solo anhelo
verte llegar hasta mis brazos
con aquella intimidad prometida.

Es constante y muy intensa
la pasión que tú despiertas en mí.
Tú no ignoras cuanto yo te amo,
sé que eres consciente en lo absoluto
de que te añoro
y estoy esperando por ti.

¿Hasta qué grado me torturarás?
Si tú sabes que en tus manos
está toda mi alegría.
Seguiré mi doloroso caminar
con angustioso tormento esperando
lo que tú me prometiste un día.

IMPERFECTA SOCIEDAD

Como un fantasma en la oscura noche
se ocultan amores imposibles;
habitan en las frías y solitarias montañas,
despiadadamente castigados
a permanecer invisibles.

Ilusiones inútilmente frustradas,
fruto de la diferencia de clases,
un acto más arbitrario y severo
que de nuestra altanera sociedad nace.

Imponente, imperfecta y sofocante cultura
que controla los sentimientos humanos.
Amores que con pureza surgen del alma,
corazones que sin razón alguna
sufren la desdicha de un amor censurado.

La naturaleza se impone una y otra vez,
sin contemplar clases nace el amor.
La atrayente juventud está visible
amando y sin compasión
condenados al dolor.

Si somos un mundo civilizado,
¿por qué actuamos como ignorantes?
Carece de sentido sacrificar amores
solo por mantener posiciones sociales.

LO ESENCIAL

Es muy penoso como nos preocupamos
por cosas que no son indispensables
y en el proceso olvidamos
que lo que ya tenemos, es más que suficiente.

Lamentablemente cuando malgastamos nuestro tiempo
nos convertimos en víctimas de nuestras propias
acciones, lo cual nos induce a una vida sin logros
y a un futuro incierto donde se pagan los errores.

Cuando olvidamos lo esencial de donde procedemos
y hacia dónde vamos,
alimentamos la ignorancia
que inconscientemente en nuestro interior llevamos.

La reflexión y corrección de nuestra conducta
nos acercará a nuestro Padre eterno, nuestro creador.
El siempre está con nosotros porque nos ama con
su infinito amor.

Amarle a él es nuestra necesidad,
solo amándole llegaremos hasta su reino.

Nuestra salvación consiste en
llevarlo en el corazón y
siempre confiar en su promesa.
Hoy es el día de pedirle su perdón
y ser reverente ante su grandeza.

IMPLORACION II

¡Oh Señor! Hoy llego hasta ti
en busca de tu ayuda.
Perdona mis ofensas que son tantas.
Quiero vivir solo para servirte,
enséñame a permanecer en tu gracia.

Padre omnipotente, Padre amoroso,
tú, que lo puedes todo,
ten piedad de mí y perdona mis faltas.
Muéstrame el camino que me llevará
hasta tu trono.

Oh Padre celestial, Pastor dulce y bondadoso,
ten compasión de mí porque soy un pecador.
Excusa mis imperfecciones, borra mis culpas,
sálvame con tu inmensurable amor.

Glorifico tu nombre en este día,
Padre compasivo, Padre tierno.
Escucha mi plegaria y dame tu perdón
tú que me miras desde el cielo.

¡Oh Señor! Dueño absoluto de la creación,
dirige mis pasos por mi arduo camino.
Confiado solo en ti continúo hacia delante,
ilumina mi sendero quiero caminar contigo.

AMOR Y TOLERANCIA

Es erróneo pensar
que en nosotros los humanos
existe la perfección.
Buscarla sería inútil y
con resultados que traerían frustración.

¿Quién es perfecto? ¡Nadie lo es!
Pero aun así existe lo extraordinario.
Hay seres dotados de genuina creatividad.
La naturaleza siempre nos da ese regalo.

Es imprescindible compartir nuestro mundo y
sondear la virtud de la esperanza.
Solo encontraremos comprensión plena
si cuidadosamente practicamos tolerancia.

Indudablemente la vida es compleja,
es necesaria la absoluta abnegación
siempre recordando que no somos soberanos
y siendo flexibles, ofreciendo sinceridad y amor.

Aunque nuestra vida es muy corta,
nuestro planeta es maravilloso y agradable.
Incomprensibles a veces son nuestros días
y nos exigen ser tolerantes.

Amarnos unos a otros
es nuestra virtud mas grande.
Es la enseñanza de Jesús.
Es el deseo de nuestro Padre.
Solo con su bendición
podemos seguir adelante.

DETALLES VALIOSOS EN NUESTRO VIVIR.

La rutina constante impone limitaciones
cuando nunca se originan cambios.
Los días transcurren sin novedades.
Duerme la creatividad en nuestro interior
y, al pasar el tiempo,
lentamente morirá
si no la despertamos.

Es nuestro cometido ser siempre útiles.
Compartiendo los ocultos talentos
que en nosotros tenemos.
Todo ser humano posee cualidades
y solo darán frutos si las ofrecemos.

La naturaleza se manifiesta en nosotros
en la aurora de cada día.
Surgen emociones que transmiten,
mensajes nuevos que ayer no existían.

La actividad diaria es imprescindible
cuerpo y alma activos a la vez.
Busca en tu interior lo nuevo que ha surgido
y encontrarás detalles que no existían ayer.

Todo lo creado tiene su valor.
Nunca olvides que eres un ser viviente.
Tu creador te regala vida un día más
y por ser tu amoroso Padre
por ti está esperando siempre.

RECONDITAS HERIDAS

Una gaviota con recónditas heridas
volando triste y en silencio.
Viaja sin un destino fijo
por un amargo y oscuro sendero.

Hermosa gaviota mortalmente herida
con su corazón en pedazos.
Buscando aliviar sus profundas penas
vuela, vuela, sigue volando,
cada vez su vuelo es más alto.

Transcurren los días y las noches
y continúa la espera inagotable
de una gaviota que va en busca
de una paz que parece inalcanzable.

Interminable y agudo es el dolor
de una gaviota gravemente herida,
por un amor sigue sufriendo,
volando, volando tristemente perdida.

La amargura se apodera sin piedad
de un corazón sumergido en el dolor.
Una gaviota que sufre el brutal martirio
que en la vida le ha dejado
un despiadado y cruel amor.

VERSOS

En la absoluta soledad de las noches
surgen genuinos pensamientos.
Como mariposas llegan volando
en busca de expresiones
que forman versos.

Espontáneo nace el milagro de la poesía
creado por profundos sentimientos.
Se mesclan los sueños y los recuerdos
inspirando palabras que forman versos.

Acaece la maravilla de un sentir,
llega serenamente en las madrugadas,
indiferente y en perfecto silencio.
Anhelos y fantasías en conjunto
construyen líricas que forman versos.

Es sustancial nuestra paz interior
para encontrar los profundos secretos,
las ansiedades que en el corazón duermen
y al despertar, irradian hermosos versos.

La esperanza vivirá siempre
fortaleciendo tantos y tantos sueños.
Formando parte de la naturaleza
los escritores siempre existirán,
logrando que nunca mueran los versos.

COMPLETAR UNA META

Creo que es humano tener esperanza de un logro o
un éxito en la vida; de completar una meta por la cual se nos
recuerde el día que termine nuestra corta existencia en este
mundo. Quizás necesitamos algo más
que el deseo de obtener un éxito. Indudablemente es necesaria
nuestra acción, la iniciativa, la constante lucha por lo anhelado.

¿Cómo nos recordarán si al final de nuestros días
no hemos construido una razón para ello?

El doctor Cesar R Cabral, Lic.,M.A.,Ph.D.,LMHC, en su obra
«El Dueño-Guía para la integridad y el desarrollo personal»,
claramente nos dice las siguientes palabras:

«No importa que alguna vez al decir la verdad esté en tu contra
o en contra de un ser querido tuyo o de tus cosas.
No te resistas, el poder de la verdad siempre se impone».

¡Sabias palabras! Nada puede ser más verdadero.
Indudablemente esta es una firme orientación a seguir
que nos ayudará a ser productivos y construir
ese algo que continúe en el futuro.
Creo que me explico con más claridad con el siguiente verso.

Quizás es una torpeza o
mi mayor ambición en la vida.
Solo quiero ser recordado
después de mi partida.

Todo ser humano ha nacido
con el privilegio de soñar.
¿Cuál es tu sueño? ¿Cuál es tu meta?
Si la buscas hay una respuesta,
y solo tú la podrás encontrar.

VOCABULARIO DEL AMOR

Quizás el gran misterio que encierra el arte de la música
es inexplicable aún para aquellos
que nos la regalan
con sus inspiraciones al través de los tiempos.

La maravilla de la música es
como una fuente inagotable que inunda el universo,
despertando inquietudes,
creando pasiones y alegrando corazones.

Al correr de los años se originan cambios.
Surgen nuevas generaciones trayendo nuevos ritmos,
nuevas canciones, todo toma su lugar y su tiempo.

Los clásicos de los siglos anteriores nunca perecerán
porque la autenticidad del arte nunca morirá.

De nuestros antepasados es de donde todo se aprende.
Su originalidad es indudable y de un valor sin límites.
Ciertamente continuará siéndolo
en las generaciones futuras.

Toda inspiración que nace del alma,
no importa su género, permanecerá
y siempre será un nuevo descubrimiento
para alguien. Sería impropio negarlo.

Compartir el canto, las notas musicales, la pintura
y la poesía son expresiones artísticas de un sentir
que hablan con el singular vocabulario del amor.

¡FELICIDAD! HERMOSA PALABRA.

El más hermoso de todos los regalos que podemos recibir es la existencia misma que nos da la naturaleza solo a cambio de que seamos útiles en la vida.

La libertad que poseemos no elimina en lo absoluto el respeto que le debemos a la naturaleza de la cual formamos parte.
¿En qué consiste el respeto y ser útiles?
Somos privilegiados al nacer.
Se nos da una mente para distinguir el bien y el mal, lo que nos permite organizar nuestras acciones y
escoger sabiamente nuestro camino a seguir.

Se nos da un corazón con lo más valioso de nuestro ser.
Tenemos un corazón diseñado para amar y ser felices.

Felicidad ¡Qué hermosa palabra!
Escoge bien tu camino, ejecuta cuidadosamente tus acciones y tu corazón como premio te hará feliz.
Comete errores y tu corazón te hará sufrir,
será el castigo que tú mismo te impones.

Creo que ser solícitos como disciplina diaria nos facilitará tener logros, tanto personales como también para todos aquellos que nos rodean.
Exprésate sinceramente y sin temor; el rechazo es obvio, no lo tomes como ofensa si encuentras una actitud negativa.
No olvides que somos humanos.
Ser positivo representa para ti salud tanto física como también espiritual.

Nunca ignores que tienes un Padre que te ama, es tu creador, el que te permite existir y cada día debes darle las gracias por ello.

.EN LOS AÑOS DORADOS.

(Con todo respeto dedico esta reflexión a tantas personas que al llegar a ser abuelos reúsan ser identificados como tal, lo que yo considero una pérdida de cosas hermosas)

Creo que es el momento para expresar mi punto de vista acerca de tantas personas a quienes desagrada el título de abuelo-a. Prefieren que sus nietos le llamen tío o papá, pero nunca abuelo. ¿Acaso se avergüenzan de serlo? ¿Por qué? ¿Quizás porque son jóvenes? Si esa es la razón ¡mejor todavía! Así tendrán más tiempo para disfrutarlos.
Los nietos son una bendición, un regalo del cielo para nuestra avanzada edad.
A estas personas yo les aconsejo que observen el amor y la ternura que en cada beso y en cada abrazo ofrecen los nietos. Están saturados de una mezcla de cosas bellas que nos inyectan juventud, alegría y deseos de vivir.

Es el mejor regalo que podemos recibir en nuestros años dorados. ¿Por qué le llamamos años dorados? Quizás porque es el tiempo de recibir recompensa por toda una vida de sacrificios que finalmente florece con frutos que nos llenan de orgullo, satisfacción y paz. Nuestra felicidad consiste en ver una juventud alegre y sana que nos asegura un futuro familiar del cual de una manera u otra somos responsables.

Ahí están los colores dorados que llegan con los años.
Si el creador te permite llegar a ellos, vívelos, disfrútalos a plenitud, y verás lo bello que serán tus días rodeado de tantas cosas hermosas.
Abuelo-a vive la alegría de tus nietos, son parte de ti, ellos son el mayor logro de tu existencia.
No le niegues a ellos ni a ti mismo el derroche de amor, esa especial relación existente entre "Abuelos y nietos"

LA ENVIDIA, MORBOSA CONDICION

Quiero indagar en el inquietante tema de la envidia.
¿Dónde nace esta condición humana? ¿Se aprende?
¿Acaso es la envidia heredable?

En conclusión, no encuentro una respuesta luminosa.
Las razones que causan envidia siguen siendo para mí un
misterio que despierta en mí una inquietud.

Si observamos los resultados que se obtienen cuando
practicamos la envidia, nos daríamos cuenta del inmenso
perjuicio que esta genera.
Vivir deseando las posesiones ajenas, no importa cuales sean,
nos sepulta en el hastío y
nos condena a una vida de desesperación, donde todo se
convierte en absoluta negatividad.

Vivir siempre deseando lo que pertenece a otros es una torpeza
que nos traerá desilusiones no solo para nosotros, sino también
para nuestra familia. ¿Cómo podríamos ser felices y disfrutar de
lo que poseemos si estamos deseando otras cosas?
¡Sería imposible! No hay ninguna lógica en ello.
Indudablemente, la envidia es una teoría absurda.

Es indudable que la envidia es un pecado
que traerá como castigo nuestra propia ruina.

Necesitamos aprender a alegrarnos del éxito y el bienestar de
nuestros hermanos, con sinceridad, sin sentimientos oscuros.

Solo entonces la alegría y la paz espiritual
se manifestarán en nosotros con total evidencia.

CUERPO VIEJO CON PIEL ARRUGADA

Hoy indudablemente tengo un corazón dinámico y joven.
Tranquilamente descansa en mis noches calladas.
Despierta amando cada día más y más
y habita en un cuerpo viejo con piel arrugada.

No existe el dolor, solo permanente alegría
en un corazón que su mocedad ha conservado.
Disfruta del amor y la armonía en cosas pequeñas
y vive en un cuerpo viejo con piel arrugada.

Al pasar el tiempo a vivir se aprende.
Cada día para mí es único y celebro su llegada.
Mi joven corazón continúa palpitando,
quiere seguir amando y amando
sin importarle que su morada es
un cuerpo viejo con piel arrugada.

La juventud física muy pronto se marchita;
es la ley natural y jamás habrá un cambio.
Mi corazón continúa amando productivo y joven,
aunque su morada es un cuerpo viejo con piel arrugada.

A descubrir lo incógnito de la vida
a este mundo todos hemos llegado.
Nuestra existencia en este planeta es muy corta;
no descuides tu corazón hoy porque muy pronto,
solo habrá un cuerpo viejo con una piel arrugada.

GRACIAS, PADRE

Me postro ante tus pies para alabarte
en este nuevo día, Padre todopoderoso.
Para darte gracias por permitirnos existir.
Por el regalo de la vida, Padre bondadoso.

Ayúdanos a conocerte, a no ser extraños contigo;
enséñanos el sendero, ilumina nuestro camino.

Líbranos de la oscuridad.
Solo tú con tu gracia puede salvarnos.
Solo tú, Padre omnipotente, Padre amado.

Hoy es un nuevo día, regalo tuyo
y es esencial glorificar tu nombre;
es un día más para caminar junto a ti,
para respirar el aire
con el que tú nos das la vida.

Gracias te damos, Padre del amor,
por toda tu creación en el universo;
por todas las aves que alegremente nos ofrecen
su dulce melodía en cada amanecer
con el bello cantar que tu inspiras.

Gracias, Padre, hoy te damos
por darnos la lluvia, por darnos el sol,
por darle vida a las plantas
y a las flores en el campo,
creando inigualable belleza
con tu inmensurable amor.

Gracias, Padre nuestro,
por darnos tu perdón.

ALABANZA AL PADRE

Observo los altos picos de las solitarias montañas
donde golpea la fría brisa al amanecer.
Allá se manifiesta la grandeza de nuestro Padre,
momentáneamente se oculta la existente belleza
con la oscura sombra de una nube pasajera.

Al salir el sol con su radiante luz,
lentamente desciende hasta el valle
y el milagro de la vida renace.

Se renueva la esperanza en cada día
con el inmenso poder del Padre.
Lo sentimos en el aire que respiramos.
Lo vemos en la brillante luz que en el cielo aparece.
Despertamos con vida cada alborada,
todo gracias al Padre que tanto nos ama.

Padre celestial, que nos lo das todo,
bendito sea tu nombre a cada momento.
Que todo ser viviente te reconozca,
que te alaben todas las creaturas en el universo.

Tú nos das los peces en el fondo del mar,
tú nos das las aves que en el espacio expresan su belleza.
Tú has creado tantas cosas hermosas
y en tus santas manos está
la vida de nuestro planeta.

Padre nuestro, Padre único
dueño de los cielos y de la tierra.
Bendiciendo por siempre tu santo nombre,
confiamos en tu promesa de vida eterna.

NO DEJES ESCAPAR TU PRIMAVERA

No descuides el tiempo,
si lo haces, éste será despiadado contigo.
Observa las plantas que de la tierra brotan
en la primavera.

Si esperaran para nacer en el verano, no existirían.
No tendrían vida en el otoño,
no sobrevivirían el invierno.

¡No dejes escapar tu primavera!
Es el tiempo de edificar tu vida,
de organizar lo que llamamos futuro.

Afronta los conflictos a su debido tiempo
y encontrarás soluciones satisfactorias para ellos.
No te sientas cómodo con la espera
porque ésta no es una arma efectiva.

Respetando el tiempo y procurando ser diligente
con plena seguridad hallarás lo necesario
para lograr éxito en todos tus proyectos en la vida.

Eres el encargado de descubrir lo que existe en tu interior,
los secretos que solo tú conoces.
Nadie podrá valorarte con más eficacia que tú mismo.

Eres el dueño absoluto de tu sentir,
de tus anhelos y de tus emociones.
Tú decides cómo, cuándo y con quién compartirlos.
Eres libre y tu único dueño después de ti
es tu Padre y Señor que te ha creado.

INTENSIDAD

Soy muy afortunado de tenerte
y saber que me amas y
aún así tengo mis días de aflicción.
Yo sé que tú me llevas en el alma,
pero a veces ignoro
qué tan profunda es tu pasión.

Que soy el gran amor de tu vida
me dicen tus melodiosas palabras.
Porque te amo te creo sin reparos,
porque mucho tiempo espere que tú llegaras.

Eres la dueña de todo mi sentir
y de mis anhelos eres la única creadora.
Solo soy un hombre que te ama locamente
con un sufrido corazón que con intensidad te adora.

Eres imprescindible en mi mente atormentada,
pensar en ti es una misteriosa creatividad.
Me siento víctima de mis propios sentimientos,
vivo sufriendo aunque sé que amándome tú estás.

Hacia dónde voy ya no es significativo.
Solo existe una ilusión en mi alma.
Necesito que me digas con tus besos,
con qué grado de pasión realmente tú me amas.

RIO DE PASIONES

En tus ojos está la inmensidad del cielo.
En tus labios está la belleza de las rosas.
La blancura de los lirios está en tus pechos
y es óptimo el deseo de besar tu boca.

Te veo en todo lo natural y bello.
Te escucho en todas las melodías.
Te pienso y con ansiedad te añoro,
una extraña sensación tu insertas en mis días.

Un río de pasiones tú me inspiras,
como el fuego corre por mis venas.
Es fascinante y torturante a la vez,
tu exuberante belleza me condena.

Eres el prodigio en mi vida,
eres la exclusividad de mis deseos.
Eres el pedestal de mi existencia,
eres el complemento de todos mis anhelos.

Sueño contigo en las noches
haciendo de mis sueños una exquisita realidad.
Despierto lleno de sollozos al darme cuenta de
que he soñado y nada más.

Te has anidado en mi corazón
que plenamente vacío se encontraba.
Ha surgido para mí el excelso milagro
de esta insondable pasión que tanto yo esperaba.

ROCA INVENCIBLE

En la distancia se hace visible
una antigua roca que golpean las olas.
Está allí con su inmensurable resistencia,
su poder se manifiesta al comienzo de cada aurora.

Roca intacta e indestructible,
acariciada por las aguas ininterrumpidamente.
Como una estatua inmóvil está allí dormida
sin importarle las olas que esperan su despertar.

Roca invencible y majestuosa
tan firme como el tiempo mismo.
Su permanencia es infinita,
su inmóvil existencia es su único destino.

Milenaria y primitiva es su vida.
Por no tener corazón
desconoce el sufrimiento.
Sin principio, sin final y sin temor
continua burlando las olas,
e ignorando el tiempo.

VALENTIA

Es un día oscuro con lluvias torrenciales,
voy al encuentro de mi gran amor.
La visibilidad es sumamente limitada,
el camino es despacioso y arriesgado.
Pero en mi alma hay una gran ilusión,
porque estoy intensamente enamorado.

Se escuchan las sirenas de emergencia
ofreciendo ayuda en carreteras inundadas.
Alegre y positivo, sin detenerme,
continúo mi sendero.
Entusiasmado voy al encuentro de mi amada.

Es un día de una intimidante tempestad
que produce efectos sin ningún control.
Son inhumanas las carreteras inundadas,
aun así sigo adelante en busca de mi amor.

Estar verdaderamente enamorado es
una locura fascinante.
No existe el miedo, nada importa.
Llegan las tormentas y tal parece que no existen.
Un corazón apasionado todo lo resiste
y sin reparos todo lo perdona.

La angustia finalizará a su debido tiempo,
de nuevo retornará la esperada calma
y un corazón, amando con incontrolable júbilo,
seguirá ardiente, valiente y sin temor a nada.

LATENTE REALIDAD

Comienza a apagarse la luz
en un ocaso de diversos colores,
el sol maravillosamente se oculta.
Lentamente muere el día
y como por encanto nace el misterio
de una hermosa noche de luna.

Descansando pacíficamente el bosque,
se sumerge en nuevos sueños
en la serenidad de la noche.
Se escucha el suave murmullo de la brisa
y el sonido de las aguas que en la cascada corren.

Se extingue el día que por nadie esperó,
nace la noche que tampoco espera.
El día nos dio la radiante luz del sol
y la noche nos traerá el candor
de la luna y las estrellas.

Es auténtico el correr del tiempo,
es autoritario, firme y perdurable.
Mueren los días y mueren las noches,
preciso continúa sin detenerse
el tiempo cruel que nunca espera por nadie.

¿Quién sabe cuál será su último día?
¿Quién sabe cuándo llegará su final?
Solo sabemos que el tiempo no espera
por nadie ni por nada, nunca se detendrá.

SIN LOGICA NI FUNDAMENTO

Confuso y sin aparente razón, el día de hoy
me he despertado sudando profusamente.
No he soñado como otras tantas noches.
Es un sentimiento distinto que ha nacido
y se ha apoderado de mí intrépidamente.

Es irónico, un sentir inexplicable,
surge lo inesperado un día cualquiera,
llega impasible silenciosamente
una morbosa inquietud que no se espera.

¿Cómo puedo persuadirme a mí mismo?
¿Cómo logro corregir lo desconocido?
Hoy despierto y hasta mi alma esta mojada,
desconozco la razón
porque ningún sueño he tenido.

Continúa el misterio de lo indescifrable,
quizás mañana llegue la claridad.
No encuentro lógica ni fundamento alguno,
con el tiempo la respuesta se manifestará.

Paciente y crédulamente esperaré,
calmadamente, sin predecir nada y sin opinar.
Cada cambio en nosotros tiene una explicación
y una respuesta con ilusiones nuevas
muy pronto ha de llegar.

VALOR DE LA PERSEVERANCIA

La perseverancia es una virtud valiosa en un ser humano.
Quizás si nos detenemos a observarlo
podríamos ver la evidencia de que muy pocas veces
logramos las cosas que necesitamos o las que deseamos
con solo pedirlas una vez.

Creo que es factible comprender la realidad
de como tantas veces se ignoran nuestras súplicas,
no importa si estas son justificadas o no.

Somos seres humanos, "no somos perfectos"
y por lo tanto, es evidente que nuestra actitud
hacia los demás muchas veces carece
de cortesía y modestia, lo cual produce
situaciones inútiles.

Es entonces cuando llega
el momento de perseverar, es el tiempo de
insistir tantas veces como sea necesario
hasta lograr obtener nuestro objetivo.

Inequívocamente será muy limitado el éxito
que disfrutaremos si nuestro esfuerzo propio
no es continuo y persistente.

Creo que este es un tema que
verdaderamente merece nuestra atención, que vale la pena
analizarlo detenidamente hasta lograr ver con claridad
la importancia de la perseverancia en nuestra vida.

Con esta práctica seremos individuos firmes, optimistas
y sobre todo, positivos en la busca del bienestar propio,
el de nuestra familia y el de todos aquellos que nos rodean.

LA BELLEZA DE AMAR.

¡Qué bello es amar!
Con un amor correspondido.

¡Qué bello es amar!
Cuando las promesas son sólidas
y no caen en el olvido.

¡Qué bello es amar!
Cuando se nos ama por quienes somos,
sin procurar transformar nada,
sin poner palabras en nuestros labios,
más bien escuchar las que de ellos salen.

¡Qué bello es amar!
Sin herir nuestros sentimientos,
sino compartirlos y hacer de ellos
lindas realidades que perduren en el recuerdo.

¡Qué bello es amar!
Sin la incertidumbre de la duda
y sin la congoja del temor.

Es muy exquisito amar espontáneamente,
recibiendo y ofreciendo amor.

¡Qué bello es amar!
Cuando a ese ser único hemos encontrado.
Placentero y fascinante es
amar profundamente,
y de igual manera ser amado.

LOS PERSONAJES DE LA CAFETERIA

La cafetería local es el sitio ideal para la reunión de grupos. Es el ambiente perfecto para las reuniones diarias de la generación de la segunda juventud.
Quizás es más correcto decir, la generación de los años dorados. Allí encontraremos los expertos en diferentes aspectos de la vida. Participando con este grupo encontraremos ideas para solucionar casi todas nuestras dificultades.
Diariamente sale a la luz toda clase de información basada en la experiencia de los años, todo se expone abiertamente mientras se toma un café.
Solo encontraremos limitaciones en todo lo relacionado con la tecnología moderna.
El acceso a computadoras, teléfonos y a todos los sistemas digitales representan un grave problema.
Evidentemente estos avances de la tecnología no pertenecen a la generación de estos grupos de la cafetería donde nos reunimos los abuelos. Es necesario recurrir a los nietos para aprender lo básico, lo indispensable para seguir adelante.
¿Tu auto necesita trabajo? ¡No hay problema! Allí encontrarás el que una vez fue mecánico y te informará donde ir o cómo hacerlo por ti mismo.
De igual manera encontrarás información para todo tipo de necesidades, solo es necesario escuchar con atención los que una vez fueron electricistas,
plomeros, carpinteros, en fin ¡todo! Y para completar el escenario, en la cafetería también encontrarás "el experto en todo", incluyendo soluciones para todos tus problemas personales, si estos son conocidos.
Este es el carácter que se considera a sí mismo un genio en su propia mente. El grupo de la cafetería es muy interesante y por el hecho de ser en su mayoría "Veteranos" merecen respeto y sobretodo tolerancia. Es ineludible escuchar las mismas historias repetidamente, cada vez más detalladas.
En la cafetería se vive un pasado que no olvidaremos

en un presente que no comprendemos.
En conclusión, es natural sentirse complacido, más bien podríamos decir orgullosos de todos los logros obtenidos en nuestra continua lucha al través de los años.
Indudablemente somos privilegiados al poder compartir nuestra existencia con una tercera, muchas veces una cuarta generación de nuestra familia, como también es obvio encontrar los obstáculos que se originan en el transcurso del tiempo. Siempre nos afecta alguna enfermedad y las visitas al médico cada día se hacen más necesarias, de hecho, ya son indispensables en nuestro diario vivir.

Hace solo unos días, compartiendo con el grupo de abuelos en la cafetería, yo expresé la siguiente observación:
Yo prefiero poner toda mi capacidad física y mental en la factible creatividad del día de hoy y cultivar todas las cosas que me ofrece la naturaleza.

No necesito juventud física para disfrutar todas las lindezas que aun puedo ver en la alborada y en los jardines, el encanto que aun puedo absorber escuchando la melodía de las aves con su armonioso canto en cada amanecer y apreciando la música que penetra mis oídos, colmándolos de sublimidad y paz.

Tengo el regalo de la vida y quiero vivirla con pasión, con lo que me ofrece el día de hoy.
No creo que mi Creador me ha permitido llegar hasta el presente para que yo lo ignore y solo viva del recuerdo.
Esa conjetura es para mí inaceptable, me siento útil, productivo y necesito vivir plenamente.

Cada día es nuevo para mí, como lo es para todo el planeta y me inspira disfrutarlo, superando en todo lo posible el día de ayer, que hoy solo es
un recuerdo de ilusiones muertas.

HOY ME PREGUNTO

¿Qué necesito para mi persona?
¿Hacia dónde voy?
¿Qué se espera de mí?
¿Acaso tengo algo que ofrecer?

Sin lugar a dudas buscando una respuesta aceptable a cada una de estas preguntas me tomará tanto tiempo que mi mente no estará disponible para interferir en conflictos ajenos.
No es siempre fácil saber qué queremos o qué necesitamos porque hay que escoger lo primordial entre tantas cosas deseadas. Saber hacia dónde vamos
es también muchas veces confuso.
Cuando nuestra fe disminuye perdemos la firmeza necesaria que nos mantiene seguros, capaces de ver con claridad,
si estamos o no en el camino correcto.
Sin saber con certeza hacia dónde vamos, solo existe
un futuro incierto y un final sombrío.

Lo que se espera de nosotros es nuestra convivencia con todo lo que está a nuestro alcance. Tenemos mucho que ofrecer en cosas pequeñas que quizás nos parezcan insignificantes y sin ningún valor, pero en realidad no lo son.
No nos cuesta nada brindar una sonrisa, demostrar un gesto de amabilidad, como ceder el paso mientras caminamos.
No es necesario ser siempre el primero en llegar.

La precipitación es un comportamiento destructor de virtudes tales como la humildad, el respeto y la tolerancia.
Con la ausencia de estos factores cada día estaremos más alejados de todos los que nos rodean, cada día seremos menos compatibles. Es bueno recordar que una vida no compartida,
es una vida perdida.

¿POR QUE?

¿Por qué insistes mujer en negar tus sentimientos?
¿Por qué intentar sacrificar tu ilusión?
Si tú sabes que yo también te estoy amando
y despiertas en mí una incondicional pasión.

¿Por qué buscas soluciones contradictorias
sabiendo que estás intensamente enamorada?
No renunciaré a ti, es imposible, no hay remedio,
tú estás debajo de mi piel, te llevo dentro de mi alma.

¿Por qué habría yo de dejar de amarte
si tú lo eres todo en mi vida y tú lo sabes?
Mi corazón es todo tuyo, te pertenece
desde el día que tú, mujer, a amar lo enseñaste.

¿Por qué tratar de disminuir esta pasión
que ha surgido espontánea sin razón alguna?
Renace una vez más un milagro de amor,
llega a nosotros como un fuego envuelto en ternura.

¿Por qué negarlo si tú, mujer, me amas?
Dime por qué, si sabes que te amo.

¿Por qué extinguir este fuego que con el destino
a dar calor a nuestras almas ha llegado?
¿Por qué, mujer? ¿Por qué? ¡Dímelo de una vez!
Dime por qué, si tú sabes cuánto nos amamos.

LA BUSQUEDA DE UN PENSADOR

Me despierto y como siempre
brotan interrogantes en mi mente,
buscando soluciones a dilemas aun no resueltos
continúa la acción y reflexionando
como un pensador que nunca se detiene.

Nace un nuevo día saturado de esperanzas
y con él comienza una nueva etapa de la vida.
Es una experiencia más para un pensador
que solo busca respuestas secretamente escondidas.

Aparecieron los impulsos y las pasiones
y continuaron los hechos infundados.
Hoy necesitamos ser pensadores y encontrar
soluciones para tantos yerros del pasado.

Es esencial que seamos realistas,
aún a veces sea irónica la realidad.
La experiencia se obtiene con los años,
penosamente hoy es muy tarde
para dar vida a lo que ha muerto ya.

Siempre será más real y positivo
pensar y pensar detenidamente antes de actuar.

Hoy enfrentamos diversos conflictos
porque ayer actuamos inconscientemente,
sin detenernos un solo momento a pensar.

.ME GUSTA ESCUCHARTE.

Me gusta escucharte
cuando me hablas sin palabras.
Me gusta escucharte
al sentir tu corazón palpitar intensamente junto al mío.
Me gusta escucharte
en el recuerdo de tus caricias tibias y sin final.
Me gusta escucharte
imaginando la dulce expresión de tu mirada que
con inmensurable ternura me habla.
Me gusta escucharte
en el suave murmullo de la brisa
que me trae tus sublimes mensajes.
Me gusta escucharte
en una dulce melodía que a un mundo fascinante me transporta;
cerrar mis ojos y escuchar tu voz,
acariciando mis sentidos en cada nota.
Me gusta escucharte
en cada recuerdo de nuestra entrega,
tanta ternura, tanta pasión expresada,
solo en tu silencio en tus suspiros y sin palabras.
Me gusta escucharte
cuando tus ojos me miran enamorados
y no me dicen nada tus ardientes labios.
Me gusta escucharte
cuando tu inquieto corazón, con el audaz vocabulario
de sus latidos, me dice que ardientemente me amas.
Me gusta escucharte
cuando la lluvia golpea mi ventana,
despertando mis sentidos a los recuerdos
de cómo nos amamos sin palabras.

Me gusta escucharte
en tu auténtico silencio
cuando no me dices nada.

LOS EXPERTOS EN FALSEDAD

Es evidente que muchas veces no somos lo suficientemente eruditos para escoger la senda correcta para seguir adelante en nuestra vida eludiendo el engaño.
Se nos permite una corta existencia con continuas decisiones que no siempre son fáciles de tomar.

Lamentablemente en nuestra estadía en este mundo encontraremos diariamente atractivos caminos hechos de mentiras que solo nos llevan al fracaso. Estos engaños aparecen ofreciendo un bienestar que nunca se materializa.

Nuestro mundo moderno está saturado de expertos en la estafa sofisticada. Es muy penoso admitir el hecho de la distribución de hipocresía que existe en nuestro ambiente de hoy y la tecnología hace aún más fácil las falsas propagandas que actualmente rigen nuestras vidas.
Las promesas de políticos son cada vez peores, se podrían comparar con un reciclaje sin valor alguno.

Promesas de salvación que nos ofrecen diversas creencias nuevas; predicadores que solo vemos cómo enriquecen rápidamente; aun así somos seguidores ciegos ante la realidad que nos afecta moral y espiritualmente; somos incapaces de reconocer la morbosa vestidura que adorna la mentira ante nuestros ojos repetidamente.

Debemos tomar conciencia de que ha llegado el momento de recurrir a una fuerza superior, ignorar la falsedad y buscar el camino correcto que es solo uno.

Ese camino es nuestro Padre y creador y para llegar hacia El no necesitamos falsos intermediarios.
No es un político y nos escuchará si le hablamos con el corazón.

No es un falso profeta y lo único que nos pide es que le amemos sobre todas las cosas. Solo El nos hará ricos de corazón y nos dará la paz.

El es nuestro camino y nuestra única fuente de salvación. Todas las riquezas materiales que logramos acumular no nos sirven de nada al final, si vamos por la vida olvidando quien nos lo permite todo, quien lo hace todo posible.

¿Quién puede ser verdaderamente feliz sin conocerse a sí mismo y sin amar a su prójimo? No hay vida en la mentira, nunca la hubo, ¡nunca la habrá!

Aun todo parezca marchar bien, la ambición no tiene límite; por lo tanto es obvio que el hombre avaro nunca estará satisfecho, seguirá hambriento de riquezas y de poderes hasta el extremo de olvidar que solo es un ser humano y mortal, con una corta vida la cual nunca se sabe cuándo o cómo termina.

Quizás es más prudente buscar ese camino único que nos llevará por un sendero seguro y lo encontraremos solo con la verdad, jamás con la mentira.

Ha llegado el tiempo de recapacitar, de reflexionar y encontrar la fe que en gran parte hemos perdido, buscar intensamente hasta encontrar la confianza en ese ser omnipotente, nuestro Dios con su palabra que nunca muere y su promesa de vida eterna.

NUESTRAS RAICES

Solo deseo ofrecer anécdotas de un añorado pasado, recordando cómo transcurría el tiempo y cómo se manifestaba la convivencia entre los seres humanos, mayormente basada en la confianza. Existían poco los extraños y cuando surgían, no lo eran por mucho tiempo.
Se compartía la vida de manera simple en un ambiente sano, aunque también era difícil. Fue aquella época de los años cuarenta y los cincuenta que ha dejado en mí recuerdos imborrables.

Es sumamente agotador absorber la realidad de los hechos que se originan durante los cambios al través de los años.
Lenta y firmemente avanza el progreso creando ineludibles cambios inesperados.
La tecnología hábilmente se inserta en cada ángulo de nuestro mundo, dejando atrás todo lo que fue un método de vida, que hoy es tan lejano que parece no haber existido, pero ¡sí existió!

¿Cuál es el beneficio de hablar de ello?
Sencillamente lo que no se recuerda, cae en el olvido y lo olvidado no hace historia. Nuestra juventud tiene hoy el privilegio de obtener nuevos conocimientos, una vasta preparación académica en estudios universitarios, tal privilegio era poco común en aquellos años.
Aun así nuestra juventud no podrá ofrecer detalles satisfactorios de una época que es obvio que no conocen por el solo hecho de no haberla vivido.

De aquel sistema ya olvidado que una vez perteneció a una generación fuerte y luchadora, hoy solo nos quedan los recuerdos de un pasado del cual procedemos.
Un pasado con nuestras raíces y por lo tanto, merece hacer historia.

Creo que es imprescindible centralizar nuestras generaciones hasta el grado más significativo posible.
Los que ya hemos experimentado toda una vida debemos aplicar las experiencias que de ella hemos obtenido para sostener un contacto positivo con nuestra juventud, la que ahora emprende su difícil jornada.

Cuando logremos comprender que todos nos necesitamos recíprocamente entonces será posible la compatibilidad que se encargará de beneficiarnos a todos con igualdad.

En el bosque nace una diminuta planta que un día será un gigantesco árbol.
¿Cuál es su origen?   ¿De dónde procede?
Proviene de una semilla, producto de un árbol que ya ha muerto y ahora alimenta la tierra que da la vida a ese tierno árbol que ha nacido a representar el futuro.
¿Acaso importa el tiempo cuando ha surgido ese milagro?
¿Acaso la naturaleza se detiene en cada década o en cada siglo?
¡No! Todo continúa ligado, todo se manifiesta tal como el Creador lo ha diseñado, todo ocupa su lugar y su tiempo.

Disfrutar del avance tecnológico y el progreso es maravilloso.
Los logros son una evidencia asombrosa, como también es absoluto el hecho de que necesitamos ser flexibles, comprensivos y sobre todo tolerantes.

Es la única forma de obtener el enlace que necesitan las diferentes generaciones que tenemos el privilegio de compartir juntos en nuestro mundo moderno.
Es indudable que nuestra vida será más placentera si nuestra convivencia está basada en el amor y el respeto.
Ojalá y todos encontremos ese valioso secreto que traerá la felicidad y la paz a todos los seres humanos vivientes de todas las edades.

Creo que existe la posibilidad de que alguno de mis lectores piense que tengo alguna resistencia en contra de la tecnología y la vida moderna, cuando en temas anteriores expreso mi añoranza por el pasado.
Siento la urgencia de aclarar honestamente que ese no es el caso.
Doy gracias a mi Creador por permitirme ser partícipe de una nueva generación que ofrece infinidad de interesantes aventuras, que con su avanzada tecnología nos brinda nuestro nuevo mundo.
Nuestra corta existencia en nuestro planeta tierra es como un trayecto educativo en el que nunca se termina de aprender, es la universidad de la vida, porque a cada día nos sorprenden cosas que nunca antes imaginamos.
¡Qué interesante!
No es aconsejable sentirse saciado solo con lo que ya hemos logrado, no importa nuestra edad. Se nos ofrece un tiempo donde todo es progresivo, una época donde existe una unidad demostrada con tantos hechos que a veces causan temor.

He aquí un ejemplo sencillo: en el internet podemos preguntar a una persona en España cómo hacer una receta nueva para la cena de esta noche y recibir sus instrucciones en cuestión de segundos. ¿Acaso no es eso maravilloso? ¡Indudablemente sí lo es! Por lo tanto, mantener viva la historia de nuestro pasado no necesariamente significa estar en desacuerdo con el presente, más bien nos beneficia enormemente poder disfrutar los éxitos que logramos diariamente gracias a los medios tecnológicos.

Aun así no olvidemos que llegará un día en que esta generación tan avanzada en que hoy vivimos, también será para otros un pasado que hizo historia.

¿HABRA PREGUNTAS AL FINAL?

Quizás no consideramos necesario pensar en el final.
Pero inevitablemente para todos llegará,
ignorarlo no es una solución
porque nada cambiará.

¿Qué hemos hecho?
¿Qué esperamos encontrar?
No habrá a quien reclamarle,
solos allí hemos de llegar.

Muchas preguntas llegan muy tarde
porque las creemos no necesarias.
Ya no habrá soluciones, no habrá respuestas,
se pasó el tiempo de preguntarlas.

Sí habrá preguntas tristes y desesperadas.
¿Qué hice con mi vida?
¿Por qué nunca escuché razones?
¿Cómo pude actuar con tanta imperfección?
¿Cómo pude convertirme en un ser tan inútil?
¿Cómo pude ignorar la existencia de mi Dios?

¿Por qué no reflexionar en estas preguntas
sin tristeza ni desesperación?
¿Por qué no reflexionar en ellas el día de hoy?
Aún tenemos una vida para actuar:
para encontrar respuestas a tantas cosas que ignoramos,
para escuchar razones y actuar con responsabilidad,
para eludir tanta imperfección y vivir con dignidad,
para ser útiles y aprender a no ser indistintos y egoístas,
para no ignorar a nuestro Dios y aceptar
lo que El nos pide hacer con nuestras vidas.
No esperemos al final con nuestras preguntas,
aún podemos encontrar las respuestas escondidas.

MIENTRAS DUERMES

Es muy extraña mi forma de quererte,
cómo te siento tan mía en tu ausencia.
Cuando en tus noches profundamente dormida,
de mis pensamientos y mis pasiones eres ajena.

No consigo desprenderme de los recuerdos
que como fuertes garras se aferran a mi mente.
Eres como un dulce castigo que me impone el destino
y me avergüenza tenerte mientras tú duermes.

Te amo con deseos irracionales y poderosos
que me inspiran una exótica y colosal pasión.
Y aun dormida y sin saberlo tú,
continúas prendida a mi sangrante corazón.

No me culpes de ser injusto con mi sentir, te lo suplico;
tú vives en mi sin pedirlo yo espontáneamente.
No puedo evitar seguir soñando, seguirte amando,
aun cuando en las noches tranquilamente tu duermes.

Aun no te pregunto si mi amor por ti es correspondido,
tengo miedo de lo que podrías tú responderme.
Prefiero seguir soñando y seguirte amando y así,
sentirme el dueño de tu amor mientras tu duermes.

FASCINACION

Me fascina tenerte cerca, muy cerca de mí;
tomar tus tiernas manos y sentir su suavidad,
mirarte fijamente a los ojos
y perderme en su hechicera inmensidad.

Me fascina cuando estás a mi lado
y compartes conmigo tu jubilosa risa.
Todo es distinto, las penas no existen
cuando el eco de tu voz se mezcla con la brisa.

Me fascina oírte cantar,
verte radiante y bella.
Tu alegría es como un soñado jardín
donde la primavera es eterna.

Me fascina contemplar
tus seductores movimientos
porque repartiendo amor eres singular.
Quiero vivir en ese jardín que tú has creado
donde la primavera no tiene final.

Me fascina lo genuina que en verdad tú eres,
cuando en diversas formas
el amor toca a tu puerta.
Eres radiante como el sol en primavera
y tu jardín sigues cuidando,
sigues volando, acariciando flores
como una mariposa brillante y bella.
Me fascina cuando te tengo, cerca, muy cerca.

LO QUE NO QUEREMOS ESCUCHAR

Siempre hay muchas cosas que por diversas razones
nos resistimos a escuchar.
Muchas veces la confusión nos invade y terminamos
aceptando erróneos mensajes y como consecuencia recibiremos
nocivos resultados de nuestras inmaduras acciones.
Irónicamente muchas cosas a las que con nuestra indiferencia
nos negamos a escuchar vienen de nuestros progenitores que
solo saben amarnos y siempre tratan de protegernos.
Llega el oscuro día en el que ignoramos sus consejos
porque insensatamente ya creemos saberlo todo.

¡Qué ironía! Es una gran pena que este sea uno de los sucesos
que se repiten una y mil veces en todos los tiempos en nuestro
planeta y, lo peor, es obvio que continuará ocurriendo.
Siempre habrá hijos pródigos y lamentablemente muchos de
ellos no tendrán el tiempo ni el valor para regresar a la casa
paterna y redimir el pecado de su absurda desobediencia.
Muchos de ellos desgraciadamente perecerán a la desesperación
a causa de su culpabilidad y entrarán a un mundo oscuro del que
nunca lograrán salir.
Todo esto puede ocurrir por no querer escuchar las sabias
palabras que nos ofrecen seguridad y formación correcta.
Qué difícil es cuando se nos dice con toda razón:
¡Te lo dije un día y te negaste a escucharme!
¡Qué humillante castigo!
La humildad es una virtud que muy pocos poseemos.
¡Y qué falta nos hace!
Penosamente hay indicios de que ser arrogante y orgulloso es
más factible, nos gloriamos de ello, a pesar de que es un hecho
que nos dañará no solo a nosotros, sino también a todos aquellos
que nos rodean.
¡Qué ardua y compleja es la vida cuando no sabemos
o no queremos escuchar!

NUESTRAS LIMITACIONES

Se afirma que en la vida todo tiene un límite y
es sustancial comprenderlo lo más claramente posible.

Debido a nuestras costumbres, las cuales fácilmente
se convierten en hábitos, muchas veces ya no somos
capaces de reconocer cuando ese límite llega.
Somos seres humanos, por lo tanto, llega una etapa
de nuestra vida cuando se hace dificultoso admitir
que es imprescindible un cambio en nuestra forma de vivir.

Tenemos la tendencia a pensar que siempre
estamos actuando correctamente cuando a veces
en realidad es todo lo contrario.
Las limitaciones son personales y ya que como adultos somos
responsables de nuestros actos, siempre debemos estar
conscientes de hasta dónde podemos llegar.

No está en manos de nadie, sino en las nuestras, cómo regir
nuestras vidas y hacerlas productivas.
De no ser así, tenemos que admitir que no hemos crecido,
que no hemos madurado como personas, que
seguimos con mentalidad de niños y por lo tanto otros se
encargarán de controlar nuestros pasos a seguir.

¿Quién le permite a otros tal influencia sobre nosotros
hasta el extremo de controlar totalmente nuestras vidas?

Nosotros mismos lo permitimos con nuestra
inmadurez, por no ser capaces de reconocer
cuándo nuestra aceptación llega a su límite.

RIQUEZAS

Es una espléndida mañana al final de Agosto.
Lentamente y majestuoso aparece el sol en el ocaso.
Nos brinda una vez más su luz y su calor
y nos impregna de vida con sus rayos.

Se aproxima la conclusión del verano
y muy pronto nos visitará el colorido otoño.
Magníficamente surgirá la transformación
y la naturaleza se encargará de cambiarlo todo.

Reflexionando en estas fascinantes realidades
expresadas en versos, me pregunto.
¿Existe en su contenido una clarificación de nuestras
riquezas y alegrías en el día de hoy?
Para muchos afortunados, ser ricos de corazón y disfrutar a
diario la alegría al compás de la naturaleza es una riqueza
que cada día profundiza más y más hasta el extremo de ser todo
lo deseado y aún más.

Lamentablemente, para otros no existe una mañana hermosa y pasiva. Su mente y su corazón están aferrados a la ambición de otras riquezas. Al vivir en un mundo materializado y totalmente ficticio, se ha perdido la alegría genuina y permanente, se ha perdido la paz, se ha olvidado hablar con Dios, se ha perdido la humildad. No hay tiempo para compartir las grandezas que creemos tener. Se llega a un estado de vanidad donde ya no existe la caridad, la compasión ni el respeto.
Irónicamente no hay amor verdadero para nadie.

Reflexionando hoy, puedo observar frente a mí un sin número
de razones para ser feliz y compartir mi alegría.
Dios está en todas partes, en todas las cosas, toda la creación es obra suya y admitir esa realidad nos hace indudablemente ricos

de corazón y esa riqueza es permanente, nunca nadie nos la podrá robar.
¿Acaso la verdadera riqueza es el dinero y las posesiones materiales? ¿Son en verdad felices los que lo tienen?
¡Lo dudo! ¿Y tú que crees? ¡Reflexiona! ¡Piénsalo!

En su obra "El Dueño: guía para la integridad y el desarrollo personal en un mundo complejo", el Dr. Cesar R. Cabral nos dice con absoluta claridad lo siguiente:
"La creencia fundamental del Dueño para ser feliz durante su estadía en el planeta es la fe en la verdad.
La verdad es como el viento: sostiene al Dueño con seguridad durante todo el vuelo de su estadía. Si te dejas guiar por la verdad, todo lo que necesitas hacer durante el vuelo es dejarte llevar y poner la dirección, lo cual logras usando tu poder de atención y cerebro."

Estas son palabras realmente significativas.
Indudablemente vale la pena escucharlas detenidamente, valorar su contenido y extraer de ellas todo el provecho posible.

Sin lugar a dudas, orientación es uno de los factores que más falta nos hacen en nuestro complicado mundo en el que hoy vivimos.

Es imprescindible tomar consciencia como humanos y recuperar los valores que en gran parte hemos perdido.

Nuestra corta existencia en este mundo es comparable a un campo de cultivos donde se manifiesta la naturaleza, creando las plantas que producen buenos frutos.

La lluvia que alimenta por igual todo lo viviente, también da la vida a las plantas dañinas que lamentablemente se multiplican por sí solas, progresiva y rápidamente, causando una lucha continua para conservar los frutos sanos.

Cortar cizañas y arrojarlas al fuego es sumamente necesario; de lo contrario, no lograremos buenos frutos en ningún tiempo.

Es una difícil tarea que parece interminable y de hecho lo es. Desafortunadamente, cada día que pasa nos sorprende una nueva forma de ataque que viene a obstaculizar el sano cultivo en nuestra vida.

No podemos darnos el lujo de vivir desprevenidos. Estar alerta es imperativo, de no ser así, un día despertaremos a la triste realidad de haberlo perdido todo y entonces ya no habrá mucho que hacer.

Solo podremos observar con tristeza la destrucción total de un campo sin frutos, donde las malas yerbas durante nuestra ausencia lo han invadido todo.

Como en temas anteriores quizás estoy expresando, "cosas que no queremos escuchar".
Aun así, verdaderamente creo que existe algún valor y me inclino a pensar que es un tema que vale la pena repetir esperando que de una manera u otra se manifieste un interés.

AISLAMIENTO HUMANO

Un hermoso nuevo día gracias al Padre hoy tenemos el privilegio de disfrutar.
Para mí comienza con una nueva inquietud que surge con solo mirar lo que acontece a mi alrededor y es para mí imprescindible hablar de ello.
Estoy cómodamente sentado en mi pequeña portada, a solo unos cinco pies de la salida al estacionamiento de nuestro edificio.
Es un espacio muy agradable y como buen madrugador que siempre he sido, lo disfruto a plenitud como rutina diaria, siempre y cuando el tiempo lo permite.
El melodioso canto que entonan los pajarillos al despertar cada mañana es sencillamente fascinante, sus notas son un sonido celestial y sublime a mis oídos.

¡Bien! No quiero crear un suspenso en cuanto a mi nueva inquietud. Hace cerca de seis años que durante estas horas de la mañana teníamos intercambios de saludos amistosos mis vecinos y yo: "¡Buen día!, ¿Cómo está Ud. esta mañana? ¡Qué bello día tenemos!" En fin, existía una comunicación personal, un contacto directo que hacía el comienzo de cada día más agradable. Al pasar el tiempo, inconscientemente, esa convivencia ha disminuido notablemente, de cada diez personas quizás una o dos tienen el tiempo o la cortesía para ofrecer ese importante saludo diario.
¿Qué ha pasado?
¿Por qué el aislamiento cuando ahora nos conocemos mejor?
¿Cuál es la razón para ese cambio de conducta?
Debería ser todo lo contrario pero lamentablemente no lo es.
De hecho la evidencia es clara, de esas diez personas que abandonan nuestro edificio cada mañana, ocho de ellas salen envueltas en una llamada telefónica o enviando un texto, razón por la cual los vecinos se convierten invisibles.
Estamos inconscientemente aislados unos de otros.

Sin embargo, estas no son suficientes razones para sucumbir a un estado de vida tan materializado que nos lleve hasta el extremo de vivir aislados de los seres humanos que nos rodean. Eso sería como aceptar la prohibición de todas las cosas bellas que por naturaleza tenemos derecho a compartir y disfrutar.

Sería como renunciar al calor humano en todas sus formas.
Una simple sonrisa es valiosa y no nos cuesta nada.
Responder a un cariñoso saludo genera alegría.
Ofrecer un abrazo fraterno a los que amamos es satisfactorio.
Conocer nuevas personas hablando frente a frente.
Hacer nuevos amigos en persona es más efectivo y más seguro.
Aunque sea una tarea sumamente difícil mantener un buen contacto con los seres que nos rodean, es imprescindible y todos debemos tratar lo más posible por conseguirlo.

Es muy triste y nada saludable vivir rodeado de personas y sentirse aislado e ignorado.
Irónicamente esta es una existente realidad que yo rotundamente me niego a aceptar.
¡No soy invisible! Estoy aquí y soy un ser viviente.
Si te saludo, contéstame; no te costará nada.
Si te ofrezco una sonrisa, acéptala, y no me correspondas con una mirada frígida porque si tú tienes un problema yo lo desconozco y en realidad no es mi culpa.
Ser positivo es la fuente que te traerá logros sin límites.
La negatividad es la tormenta que destruye vidas.

Siempre necesitamos afecto.
Porque solo somos humanos,
no te costará nada decir:
"Buenos días, mis vecinos.
Buenos días, mis hermanos".

TU FUTURO YA EXISTE

No te arrojes al mar donde otros tantos
perecieron en su inmensidad.
Espera con fe en la orilla
y tu merecido a su debido tiempo llegará.

La recompensa que recibirás
será el fruto de lo que has sembrado.
No te precipites, espera a que madure,
no es necesario arrojarte al mar
y nada ganarías con vivir desesperado.

No le tengas ningún temor al mañana
si correctamente tu ayer has vivido.
No te desesperes hoy, no te arrojes al mar,
allí no encontrarás lo que has perdido.

Tu futuro ya existe
aunque para ti no ha llegado.
Tus hechos ya lo han construido
y hoy no es para ti en nada benéfico
vivir desesperado.

La fe en tu Dios es tu primordial razón de vida,
solo necesitas ponerla en sus manos y confiar.
El es tu creador y amándole vivirás en su paz,
no será necesario, desesperarte ni arrojarte al mar.
Nunca olvides que su piedad y su poder son infinitos
y con su amor de Padre misericordioso,
nunca te dejará de amar.

EL MISTERIO DE AMAR

El mejor de todos mis sueños
evidentemente eres tú, amor de mi vida.
Siempre te llevé en el fondo de mi alma y
sin saberlo te amé con pasiones desconocidas.

Eres mi primordial razón para ser feliz
porque de mi historia, inequívocamente
tú eres la mejor parte.
Sigue siendo para mí un gran misterio
cuándo comencé a amarte.

No es imprescindible que me hablen de ti.
No necesito oír ni siquiera tus propias palabras.
Todo lo que quiero saber tú me lo dices
con tu dulce sonrisa de mujer enamorada.

Guardar un sentimiento tan recóndito
es un privilegio que solo una vez encontramos.
Hoy vivo en un éxtasis de fascinación
sin importarme desde cuando te estoy amando.

Lo que me queda de existencia no es significativo.
Gracias a mi Creador en el fondo de mi corazón te llevo.
Quiero ir contigo hasta el más allá.
Quiero que sea eterno, el mejor de todos mis sueños.

AMOR ADOLESCENTE

Aquel puro amor que una vez surgió.
Aquella gran ilusión de adolescentes
cuando aún éramos en parte niños
dejó en nuestros corazones imborrables huellas,
tiernos recuerdos que nunca caerán en el olvido.

La esencia mística de aquel sentir
nos acompaña siempre como parte de nuestro destino.
Aun no existe una explicación luminosa,
viviente están los tiernos recuerdos
de cuando éramos todavía niños.

Nuestra existencia es corta y compleja,
se manifiesta en la alegría y en el dolor.
Aun experimentando penas y sufrimientos
no se apaga el genuino recuerdo
de un inocente amor.

Arbitrariamente transcurrió el tiempo
y se nos aplicó una errónea protección,
hiriendo sin piedad una pasión que nunca moriría.
Es imposible olvidar aquellos hermosos recuerdos
cuando en un enamorado corazón adolescente
un tierno amor existía.

Es natural recordar los pocos momentos bellos y
revivir hoy aquellos lejanos días fascinantes,
sin penas y sin lamentos.
Un corazón que con pasión ama por primera vez,
nunca, nunca jamás olvidará, aunque pase el tiempo.

SECRETO DURMIENTE

Reflexionando en lo que la vida me enseña,
las mujeres viejas no creo que existan
y si existieran no sería por su edad.
Lo que en ellas es auténtico es su madurez.

Es un hecho que toda la ternura que sabiamente se obtiene en el transcurso del tiempo es un tesoro que merece apreciación, reconociendo su incuestionable valor.

Cuando la belleza física disminuye, el corazón donde están guardados los tesoros de sublimidad, ternura y pasiones, para quien sea capaz de apreciarlos, permanece intacto.

La rica dulzura de una fruta que a su tiempo madura es una delicia al paladar de aquel que la disfruta y nunca es necesario agregar nada a su exquisito néctar.

El sublime sonido que brota de un viejo instrumento es el manifiesto artístico de quien ejecuta la melodía.
De sus manos sale espontáneamente
el arte expresado en maravillosa música porque
la naturaleza en nosotros lo inspira todo.

La verdadera belleza femenina no está en una piel que es obvio que con el tiempo se marchita.
La sensual y natural belleza está en su alma
que ha sido diseñada para amar y ser amada; allí está el secreto durmiente; y muy dichoso será aquel quien logre despertarlo
porque encontrará un jardín de flores
saturadas de inigualable esplendor.

Es extremadamente fascinante tener el privilegio de penetrar en un corazón que es el templo sagrado de una mujer y

que en cuerpo y alma se manifiesta amando con la excepcional
riqueza de su madurez.

Quizás sería provechoso si reflexionando logramos
ser conscientes de que nunca se obtiene nada favorable
desafiando el proceso de la naturaleza.

¿Acaso no disfrutamos de una hermosa y dulce manzana
aunque proceda de un tronco que es ya poco atractivo?

En el interior de todas las cosas se manifiesta la creación
y si solo podemos admirar la parte física en ellas,
con nuestra inmadurez indudablemente estamos perdiendo el
disfrute de la esencia máxima.

Esas almas maduras que se han enriquecido con el transcurso
del tiempo están saturadas de sublimidad y ternura.

Su intimidad y su capacidad de amar es un profundo océano.
Es un rosal privado donde cuidadosamente siempre se
conserva la fragancia del amor.

VERDADEROS SABIOS, LOS NIÑOS.

¿Qué es importante hoy para ti?
¿Qué consideras lo primordial en tu presente?

Siempre se manifiestan hechos con indicios de valiosas lecciones para nosotros.
Creo que se obtiene mucha sabiduría, si se anhela, cuando somos observadores de los eventos que constantemente ocurren a nuestro alrededor. Todo se aprende si tenemos la inteligencia de ser buenos alumnos en la universidad de la vida.
No tendremos logros siendo impasibles.
Si creemos saberlo todo, lo que lamentablemente tanto ocurre, terminamos sabiendo nada y es ineludible recibir las consecuencias de nuestra insensata mentalidad.

Observando como juega un niño, no importa lo que esté haciendo, muestra siempre un interés en el aprendizaje; ese es su trabajo que consiste en el desarrollo de su inteligencia.
Si observamos con interés, podemos ver su concentración y la perseverancia en los intentos hasta alcanzar lo deseado.
Quizás abandone la lucha por un corto periodo de tiempo, pero eso no significa en lo absoluto una derrota.
Con certeza regresará con ideas nuevas y continuará su ocupación que es la curiosidad por descubrir lo desconocido.
Hoy ya adultos no tenemos perseverancia porque la ha sustituido la impaciencia y la escasez del tiempo, el cual es un tesoro que cada día empleamos de la peor manera.

Hoy solo luchamos con conflictos grandes
porque no nos importaron cuando eran pequeños.
Cuando creemos saberlo todo,
llegará el día cuando el tiempo nos dirá
que penosamente nada sabemos.

RECORDANDO LA TIA ELVIRA

La casita de la tía Elvira fue como un paraíso
para la juventud de nuestra familia.
La muy querida tía que nunca se casó;
prefirió vivir sola en su humilde casita.

Era una mujer sabia por naturaleza y fue amada
y protegida por toda su familia.
Los sábados y domingos, su patio era siempre
frecuentado por diversas parejas de novios que visitaban
allí para disfrutar un ambiente puro, en aquellos
bancos y sillas súper limpios. Era el sitio romántico
donde siempre se respiraba aire fresco.
En aquel hermoso lugar la brisa era encantadora
y en el aire era permanente la fragancia de las flores
que embellecían el jardín que rodeaba la casita de
la tía Elvira.

También recuerdo vivamente las sabias palabras
que siempre tenía la tía para todos nosotros
los jóvenes que continuamente la visitábamos.
Era una mujer muy elegante, muy directa y su personalidad
inspiraba mucho respeto. Todos la escuchábamos con mucha
atención cuando nos enfocaba con sus grandes ojos azules como
el cielo y su mirada era inmensa como el mar cuando
nos daba sus valiosos consejos.
La tía Elvira era una bella mujer poseedora de muchas
cualidades y encantos femeninos que la naturaleza
le regaló al nacer.
Aunque han pasado muchos años, siempre se recuerda a un ser
especial que tocó nuestras vidas de una manera significativa
para nuestros valores.
Será imposible olvidar tantos hermosos recuerdos
de aquella excepcional mujer que en vida fue la tía Elvira.

.RECORDANDO AL ABUELO RAUL

Raúl Hernández es un nombre que vivirá en la mente no solo de su familia sino también en la de todos sus amigos y sus descendientes. El abuelo Raúl fue el protector de todos.
Su amor y su compasión eran sin límite para con todos y su sentido del humor indudablemente era el mejor que puede poseer un ser humano.
Su personalidad era auténtica y eficaz por naturaleza, en todo el sentido de la palabra. Aun siendo un hombre bondadoso inspiraba mucho respeto, por lo tanto hacía que su familia se sintiera protegida. Fue el modelo a seguir para todos los que estuvimos a su alrededor.
Su espíritu alegre era positivo y sumamente contagioso, su carácter era amistoso y confiable. Era difícil, se podría decir que imposible, estar triste en presencia del abuelo; el poseía el arte de aliviar las penas ajenas con su singular dinamismo.
Su recuerdo es inmortal en la mente de tantos seres humanos que tuvimos el privilegio de estar en contacto directo con un ser inigualable que con el nombre de Raúl Hernández compartió con nosotros una vida ejemplar.
El recuerdo vivió, vive y siempre permanecerá en nuestros corazones como un sello de agradecimiento y respeto que sin excepción alguna todos le debemos.
Por su calibre como ser humano, el abuelo fue respetado y admirado pero nunca superado y así seguirá siéndolo en el recuerdo al través de las generaciones futuras.

Te llevamos en el alma, querido abuelo.
Guardamos en ella todo lo bello que nos dejaste.
Seguimos por la vida compartiendo el tesoro
de ese gran amor que nos enseñaste.

EL TEMOR A LO DESCONOCIDO

(Muchas veces al encontrarnos frente a cosas diferentes, algo fuera de lo común, momentáneamente nos invade el temor. Se podría decir "El pánico". Como muestra les ofrezco el siguiente relato.)

Es imprescindible comprender que todo lo creado tiene una razón, un valor, un uso, aún existen casos en la vida real donde algún esfuerzo es requerido para obtener logros positivos. Quiero relatar este acontecimiento que he experimentado repetidas veces durante el largo tiempo que he vivido en la ciudad de Nueva York y es parte de la historia de mi vida.

Una mañana como otras tantas entré a una estación de trenes subterráneos en Brooklyn. El tren que era el medio de transportación más práctico para yo llegar a mi trabajo en la Gran manzana. No había muchos asientos disponibles ese día pero encontré uno y como es normal tomé asiento dispuesto a leer mi libro favorito que aquel inolvidable día era "El conde de Montecristo" por Alexander Dumas.

Para mi sorpresa, una pareja de jóvenes sentados a mi derecha, de repente se pusieron de pie y no fue para abandonar el tren. Algo los motivó a irse de mi lado, algo no estaba bien con su compañero de viaje que era yo. Ya de pie me observaban con miradas sorpresivas.
Como si esto fuera poco, el pasajero a mi izquierda, un señor de unos cuarenta años, hizo lo mismo: también prefirió viajar de pie. Aunque no habían más asientos disponibles, nadie deseaba sentarse a mi lado. ¿Qué ocurre? ¿Qué anda mal conmigo? Me pregunté a mi mismo y me di a la tarea de encontrar qué había de malo en mí.
Examiné mi traje y parecía bien, toqué mi corbata y estaba bien anudada, miré mis zapatos y estaban correctos,
miré mis medias y eran de un mismo color. ¿Entonces?

¿Qué pasa? Mientras todo esto ocurría yo sentía la fría
curiosidad de las miradas en mi piel.
¡Dios mío, qué incertidumbre!
Comencé a sentir una incomodidad inexplicable.
El viaje era interminable y confuso, cosa que nunca antes me
había ocurrido en esta vía de trenes.
Pasaron unos veinte minutos hasta que finalmente
se esclareció la verdadera razón del aparente problema
que había causado tanto temor a los no muy valientes pasajeros.

Recordé que he nacido con un defecto físico y
nunca tengo presente la existencia de una mano pequeña y
deformada. Nunca la recuerdo como un impedimento para nada
porque nunca lo ha sido.
Lo que inspira tanto miedo a otros por ser diferente,
para mi es lo más normal del mundo.

Soy parte de la creación y como ser humano obviamente no soy
perfecto. ¡Nadie lo es! Sin reservas admito ser diferente.
¿Inútil o incapacitado? ¡No! Nunca lo fui, nunca lo seré.

Recordando diversos casos como el que acabo de relatar
llego a la conclusión de que es fácil tener reacciones negativas
ante lo desconocido, que al final no es nada más que nuestra
propia imaginación la que forma una definición errónea
de lo que no conocemos. Quiero pensar que de alguna manera
envío un mensaje positivo a mis lectores con este humilde
relato. Mi mayor deseo es despertar la fe en algún corazón de
tantos que por diversas razones la han perdido.

Gracias, Padre del cielo, por el regalo
de mis ojos con los que puedo ver.
Gracias, Padre eterno, por mis pies
con los que puedo caminar y correr.
Gracias, Padre del amor, por el tesoro de mis manos
que para mí creaste perfectas con tu inmenso poder.

TRISTE LAMENTO

En la penumbra de la noche,
en el corazón de la triste montaña,
en medio de todas las melodías nocturnas,
se mezcla el triste lamento
de un gorrión herido que desesperadamente llora
la pérdida de su amada.

Su corazón está hecho pedazos,
desconsolado sigue llorando sin control.
Su aflicción le impide el silencio,
los sollozos ahogan su garganta
sufriendo por su perdido amor.

Su alma vive en la tortura de un mortal recuerdo.
Su dolor es intenso y parece no tener final.
¡Pobre gorrión que una vez fue tan feliz
y hoy sufre profundas heridas que nunca sanarán!

Gorrión solitario y desamparado
en las tinieblas de la noche se siente morir.
El fresco de la brisa lo tortura sin piedad,
el sonido de la lluvia cruelmente le recuerda
que su amada ya ha dejado de existir.

Gorrión agonizante y triste
ya sin razones para vivir.

FE Y ESPERANZA

La vida es monótona y carece de sentido
si por ella caminamos sin fe y sin esperanza.
No se obtiene superación ni grandes logros
porque la negatividad nunca nada alcanza.

Simultáneamente hay que creer y esperar,
con el tiempo se manifiesta todo.
Tener fe y esperanza significa poder
y se hacen posible inmensurable logros.

Tener fe y esperanza es singular
nos convierte en seres útiles a lo máximo,
se cultivan frutos múltiples y continuos.
Tu fe es benéfica para ti y para tu hermano.

Si no tienes fe nunca esperes nada positivo,
no importa cuánto luches en tu vida.
Tristemente todo se lo llevará el viento
si no reflexionas y encuentras tu fe perdida.

No olvides lo primordial en tu existencia,
busca hoy la real esencia de tu vivir.
Inserta en ella un grado de fe y de esperanza
y en tu mañana maravillas verás venir.

Si vives hoy con fe permanente y verdadera,
no dudes que la grandeza de tu Dios estará contigo.
Su palabra es la fuente de vida eterna
y nunca fallará lo que nuestro Señor ha prometido.

PRIVILEGIO DE EXISTIR

Lentamente esta mañana abro mis ojos,
ha llegado un nuevo día, ya amanece.
El privilegio de existir hoy es un regalo más
que con su gran amor mi Padre me concede.

¿Qué puedo hacer en este nuevo día que sea correcto?
¿Qué conducta debo adoptar que agrade a mi Creador
que es quien me lo da todo?

Padre omnipotente, Padre mío,
llena mi corazón de tu amor.
Expulsa la oscuridad de mi alma.
Apiádate de mí, dame tu luz
porque solo soy tu hijo pecador.

Deposita en mis labios palabras
de alabanzas a tu nombre en el día de hoy.
Inspira en mí profundos versos que me permitan
propagar la inmensidad tu amor.

Apiádate de mí, Padre bondadoso.
¡Dios mío! ¡Qué insignificante soy!
Borra mis culpas, dame tu paz.
Dame la alegría que solo en ti
yo encuentro, mi señor.

Ten compasión de mi, te lo suplico
porque soy tu hijo pecador.

REALIDAD DE LOS MILAGROS

Un pequeño pescado solo significa muy poco
pero todo cambia considerablemente
si es multiplicado.
No olvidemos que cinco panes y tres pescados
alimentaron una gran multitud con un solo milagro.

Se terminó el vino en medio de una fiesta de bodas,
todas las tinajas estaban vacías.
Milagrosamente se llenaron con mejor vino,
porque un invitado de nombre Jesús
concedió el milagro que su madre le pedía.

Hay un creador que todo lo puede.
Nunca es tarde para recibir un milagro.
El escuchará tu grito en la multitud
y te salvará cuando llegues a su lado.

Anda y ve en busca de Jesús,
no te detengas hasta que logres encontrarlo.
Recibirás el milagro del perdón cuando él te diga:
"Vete en paz, tu fe te ha salvado".

MI PORCION DE ACCION

Quiero ser un pensador
que solo siente atracción por lo positivo.
Quiero pensar en la posibilidad de obtener
acciones creativas que generen algo que ofrecer.

¿Qué puedo dar si no tengo nada dentro de mí?

No me rindo a la rutina fácil que solo ofrece
la comodidad usual a todo aquel que no tiene
ninguna ambición positiva en la vida y espera
soluciones sin ningún esfuerzo propio.
No deseo estar dormido cuando sea mi turno
de recibir los regalos que me trae cada día,
por lo tanto necesito mantener despierta mi creatividad.

No puedo perder el tiempo
porque nunca pasa en vano.
Muchas veces nos sorprende
con lo que menos esperamos.

Es imprescindible permanecer vivaz,
aunque me toca mi porción de acción que es solo mía.
De mi ejecución depende mi éxito o mi fracaso
y no tendré el privilegio de responsabilizar a nadie
más que a mí mismo.

Nuestro vivir es complejo
y saturado de inesperadas aventuras.
Mi existencia como ser humano ineludiblemente
me exige asumir la responsabilidad de mi conducta.
De no ser así es como admitir ser inútil
para los demás y para mí mismo dentro
de la sociedad de la que formo parte.

FASCINACION OTOÑAL

Como regalo del cielo retorna el misterio del Otoño.
Las montañas de nuevo se convierten
en una inspiración poética.
Las aves emprenden su alto vuelo de exhibición,
desde lo alto admiran con sus ojos avizores
la cascada de las que se sienten ser dueñas.

El panorama es exquisito y excepcional.
La suave brisa es penetrante y fresca.
Se respira un insondable bienestar;
el Otoño nos trae mucho más
que esplendor y belleza.

Las impacientes aguas aceleran sus corrientes
llevando un mensaje especial de vida.
La naturaleza ha diseñado su destino
que consiste en alimentar las plantas
y transportar las hojas caídas.

Espontáneamente surge la transformación,
los diversos colores aparecen como por encanto,
nos sorprenden las frías mañanas anunciando
que una vez más el Otoño ha llegado.

Exitosamente continúa el proceso natural,
sin control alguno se multiplican las maravillas.
No morirán las plantas
que en el invierno solo duermen
y despertarán en primavera con vida nueva,
alimentadas por las hojas caídas.

COMO HE LLEGADO HASTA AQUI

Cómo he llegado hasta aquí es lo que muchas veces
nos preguntamos al encontrarnos un día frente
a una situación que parece inexplicable.
Nos sorprende lo que realmente tenía que suceder.

Quizás cuando llegó el tiempo próspero equívocamente
pensamos que este sería permanente para toda la vida,
lo que lamentablemente no siempre ocurre.
Cuando nos faltó la sabiduría para sostener
la necesaria precaución nos olvidamos por completo
de ser vigilantes de un posible mañana no tan favorable.
La inmadurez con la que actuamos en aquel tiempo
productivo es hoy aquel mañana que una vez con nuestra
torpe indiferencia no creímos posible que un día llegara.

Es benévolo soñar con un futuro ideal, pero no olvides
que tú lo estás construyendo hoy con tu conducta y tu audacia.
Es imposible predecir el mañana, pero sí es factible ser
precavido en nuestro diario caminar por la vida.
Cada día que como un regalo de Dios llega a nosotros
se manifiesta diferente.
Nuestro destino es vivirlo como tal, uno a uno,
absorbiendo la esencia que nos llega diariamente
en experiencias diversas de la vida.
Nadie podrá ayudarte si primero no te ayudas a ti mismo.
Es imprescindible ser sensato y sobretodo precavido;
siéndolo es posible que las futuras sorpresas
que sin duda alguna llegarán, no sean trágicas
y tengan una explicación satisfactoria.

INTIMIDAD PERFECTA

A- Estar sumamente enamorado.
B- Entrega total.
C- Confianza absoluta.
D- Compartirlo todo sin reservas.

Creo que la ausencia de uno o más de estos factores
indudable y penosamente impedirá la realización
de una intimidad perfecta entre los amantes.

Podemos hablar con detalles de romance, de pasiones
y de un sin número de cosas maravillosas relacionadas
con el amor; sin embargo, podemos considerarnos muy
afortunados si una vez en la vida encontramos a ese
ser humano que inspire en nosotros lo necesario para
que se manifieste una perfecta intimidad.

Es ineludible poseer una compatibilidad poco común;
por lo tanto es extremadamente difícil encontrar en alguien
los elementos suficientes para construir esa relación y
perfeccionarla hasta extraer lo máximo de ella.

Es un proceso sumamente delicado porque los sentimientos y
las emociones están basados en el amor.
No se obtiene un nivel de perfección íntima
por el solo hecho de estar enamorado.
Es además esencial la presencia de la sinceridad de ambos
demostrada no solo de palabras sino también de hechos;
es un proceso que requiere entrega total
y sin duda alguna mucha madurez.

Es imprescindible amar ofreciendo y recibiendo una
satisfacción mutua. Cuando esto es posible cada encuentro
íntimo es la continuación de una exquisita maravilla que cada
vez es más fascinante y nos lleva a ese deseado éxtasis que solo

encontramos en una perfecta intimidad. Entonces se encuentra
ese gran tesoro que por diversas razones pocas veces es nuestro.
Quizás toda una vida no nos proporcione el tiempo necesario
para descubrir el misterio del amor y
para obtener la madurez que haga posible que veamos con
toda claridad la grandeza y el poder que este encierra.

Verdaderamente creo que mi capacidad es muy limitada
para que pueda yo llegar a un conocimiento exuberante
de un misterio tan profundo como lo es
todo lo relacionado con el amor.

Lamentablemente es un hecho verídico de
que en todos los tiempos el amor se ha confundido
con muchas otras cosas.
En su nombre se nos engaña en diversas formas.
Por naturaleza somos débiles al oír las palabras "Te amo"
y si las escuchamos constantemente terminamos
creyendo ciegamente en cosas inexistentes.

Se pueden amar tesoros muertos
que al final terminan siendo fantasías.
Por ser ilusiones tontas, carecen de valor
y tal como llegan desaparecen un día.

Si a causa de nuestra debilidad humana estamos compartiendo
una intimidad basada en sentimientos erróneos,
allí el amor no existe, la pasión genuina está ausente
y lógicamente esa intimidad perfecta y única es irrealizable.

LA EXPERIENCIA VIENE DE LOS AÑOS

Esta famosa frase la he escuchado durante toda
mi existencia, especialmente expresada
por mis antepasados.
Desde que era yo un niño creciendo en la casa paterna
al cuidado de los abuelos siempre recibí mensajes de
inmensurable valor. Eran como advertencias, una especie
de ideas preventivas para una formación correcta.
La disciplina era muy directa e indudable.
Estoy seguro de que no fui yo la única persona joven
que no le prestó la atención merecida a tantas valiosas
palabras que llegaban a nuestros oídos constantemente.

Durante el transcurso de los años, cuando menos
lo esperamos, despiertan los recuerdos y nos traen
aquellos lejanos mensajes a los que hoy podemos
apreciar grandemente por haber vivido
de una manera u otra su contenido.

Irónicamente, los obstáculos que tanto nos han
afectaron en la vida, pudieron ser prevenidos.
Teníamos ideas preventivas.
Se nos dieron repetidas veces, pero la ignorancia
que generaba nuestra juventud nos impidió en aquel
entonces absorberlas y preservarlas como un tesoro
que se usaría en un futuro que siempre llega.

A pesar de todo, siempre se conserva una gran parte
de toda enseñanza que una vez se recibió.
Siempre será útil y de un valor sin límite
la experiencia que viene de los años.

OSCURIDAD Y LUZ

Tanto en la oscuridad como en la luz
los sueños nacen y también mueren.
Con alegría recibimos las cosas deseadas
y con mucho asombro las que nos sorprenden.

Somos como artefactos del destino,
no cesan de materializarse las sorpresas.
Cuando creemos ya haberlo visto todo,
algo distinto inesperadamente llega.

La incesante lucha por ser victoriosos
no siempre se manifiesta tal como se espera.
Surgen los días turbulentos y oscuros,
entonces necesitamos obtener la claridad
para encontrar la felicidad que aún no llega.

Tranquilamente transcurre el tiempo
sin importarle qué tu haces con él.
¡Es tu vida! Como regalo de dios el tiempo es todo tuyo.
Te traerá un mañana, te ofrece un hoy; ya te dio un ayer.

No te rindas hoy, continúa buscando la claridad.
No permitas que muera tu fe porque sería tu final.
Nunca es tarde para lograr tus sueños,
el tiempo es todo tuyo y con tu ininterrumpida acción
serán para ti toda una realidad.
Busca la luz en tu vida para seguir adelante,
no podrás caminar en la oscuridad.

EN EL INVIERNO DE MI VIDA

Continúa la exuberante belleza del otoño.
Surge la esplendorosa alborada de un nuevo día.
Es muy sublime despertar a la maravillosa realidad
de estar enamorado
en el invierno de mi vida.

Las aves migratorias emprenden su largo vuelo,
viajan en formación con sus alas extendidas.
Escucho su bello canto lleno de esperanzas
y me traen un mensaje de amor
en el invierno de mi vida.

Ante mis ojos se manifiesta el milagro
de un mundo fascinante.
A mis oídos llega el murmullo de las aguas vivas.
Continúa el proceso de un atractivo otoño
y profundamente enamorado estoy
en el invierno de mi vida.

Las expresiones naturales siempre existirán.
No es edificante alimentar ilusiones perdidas.
Me resisto a vivir aferrado a un pasado extinto
porque soy inmensamente feliz amando
en el invierno de mi vida.

EN EL TALLO DE LA ROSA

Evidentemente son muy hermosas las rosas
representan el amor y
sentimientos profundos inspiran.
También es indispensable recordar que
en su tallo hay afiladas espinas.

El pequeño niño Antonio cortó flores
como un especial obsequio
para el cumpleaños de su prima.
Llevando para ella un ramillete de frescas rosas,
se olvidó que
en sus tallos habían punzantes espinas.

La naturaleza nunca comete errores,
ha sido diseñada a la perfección por manos divinas.
Sé cuidadoso al cortar las tiernas rosas. No olvides que
en su tallo hay agudas espinas.

En toda la creación existen los secretos.
Los elementos poseen defensas escondidas.
Trata las rosas con mucha delicadeza
siempre recordando que
en su tallo hay espinas.

Cuida de tus rosas siempre con cariño,
trátalas con la ternura merecida,
nunca olvides su natural sublimidad.
También es imprescindible que recuerdes
que encontrarás
en su tallo punzantes espinas.

AGUAS EN SILENCIO

Observando el lento riachuelo con sus aguas moribundas.
Sus acompañantes plantas han perdido su natural belleza.
En la decadente pradera muy pronto todo será extinto,
en el invierno silenciosamente
el triste riachuelo se quedará dormido.

Todo es penumbra y como por encanto
se desaparece toda la belleza que aquí existe.
Lentamente se escapa la armonía que inserta vida
llegará la nieve y cubrirá todos los despojos
preservando en silencio todas las plantas dormidas.

Desconsolado riachuelo con sus aguas inmóviles,
corrientes lentas ya casi sin vida,
solo el tiempo podrá traer de nuevo
el valioso tesoro de las aguas cristalinas.

Despertarán a la transformación todas las plantas
que en el afligido riachuelo se han quedado dormidas.

Ha desaparecido el sonido de la cascada,
las aguas moribundas ya no cantan,
el proceso natural se manifestará
y como siempre,
todo lo dormido se despertará.

Brillará el sol con su luz radiante,
aparecerá la luna con su tibia caricia,
renacerá un riachuelo nuevo y jubiloso,
despertarán las plantas adornando la pradera,
la cascada alegremente entonará su canto
y las ya olvidadas aguas moribundas
no existirán en la primavera.

SEGURIDAD INCUESTIONABLE

Permanecen en la clandestinidad las razones
por las cuales nunca queremos hablar de la muerte.
Irónicamente tratamos de ignorar la realidad
que ineludiblemente un día llegue.

Es indudable que un día moriremos,
es la ley natural y ésta es indiscutible.
Inesperadamente un día tocará a nuestra puerta,
la muerte nos visitará y no hace falta invitarle.

Terminará una vida para que otra comience
es la teoría basada en lo que ciegamente creemos.
Tenemos la fe en la existencia de un más allá
donde encontraremos el prometido descanso eterno.

¿Por qué no pensar en la muerte?
Si es lo más seguro que todos tenemos.
Es la conclusión de nuestra existencia
y es preciso aceptar que a un final llegaremos.

Mira a tu alrededor sin miedo alguno,
observa cómo se manifiesta todo lo viviente.
Las generaciones poco a poco desaparecen
y tan seguro es que como un día hemos nacido,
otro día de igual manera moriremos.

No es benéfico abstenerse de reflexionar en la muerte;
aunque no está en tu calendario, es seguro que un día llegará.
Sin ella tu vida no concluye, no hay descanso.
Sin la muerte tu sufrimiento nunca terminará.

Caminamos por un espinoso sendero
sin saber hacia dónde vamos o cuándo termina.
Siempre nos acompaña algo de dolor,
se mezclan las lágrimas con las sonrisas en esta vida.

Hay una sola esperanza en nuestro vivir,
la alimenta la fe que tenemos en nuestro Dios.
Una vida saturada de angustias será más pasiva
si recordamos que terminará tal como comenzó.

No es afirmativo cuando pensamos
que será más doloroso el morir.
Si la paz absoluta solo se encuentra en la muerte
es verídico entonces que la vida nos impone algo de sufrir.

Es más productivo vivir libre de temores,
tu felicidad no está en las cosas, está en tu interior.
Es imprescindible ser realista y pensar
que el último día de tu existencia podría ser hoy.

Somos humanos y por lo tanto es obvio
que ignoremos lo que en verdad nos espera.
Es válido recordar que nuestra vida es muy corta
y es ineludible que nuestra participación en este planeta
a su final inesperadamente un día llega.

LECCIONES DE LA VIDA

Si me hubieras conocido tal como soy,
estoy seguro que no me traicionarías.
Cuando amándote estuve a tu lado no te importé,
nunca pudiste ver que solo para amarte yo vivía.

Te amé inconscientemente en la ignorancia de
que para ti mi amor era inadecuado.
Si te hubieras detenido a conocerme un poco,
jamás me hubieras traicionado.

Sigue tu camino y no te detengas,
ya no quiero escucharte, no me queda fe.
Mataste todo lo que por ti yo sentía,
olvídate que existo y olvida que un día yo te amé.

No voy a culparte de tu crueldad.
Lo que te entregué no tenía un valor para ti.
Esperé que me dieras lo que tú no posees,
desconoces el amor que yo ciegamente te ofrecí.

Dejando experiencias nuevas concluye hoy
una etapa más de la vida.
Cometemos errores y algo siempre se aprende
de cada lección vivida.

Te deseo mucha suerte en tu porvenir.
Quizás con el tiempo obtengas tu madurez.
Hoy no me importas, ya he logrado olvidarte,
olvida tú también que un día yo te amé.

LO QUE TE HACE MAS BELLA

Lo que te hace más bella es tu entusiasmo
y las características de tu simpatía.
Tu feminidad es única, es tu gran tesoro
y a todos nos contagias con tu alegría.

Siempre eres el centro de admiración
porque tu presencia irradia
una brillantez celestial y permanente.
Naciste para ser una mujer hermosa
y así tú lo serás para siempre.

Tu autenticidad es espontánea y real,
lo expresas todo solo con ser tú.
Con tu dinamismo eres fascinante para todos
porque ser hermosa no es tu única virtud.

De una manera muy especial tú te manifiestas
porque eres un ser creado de maravillas.
Solo con tu candidez tú has despertado en mí
inquietudes desconocidas.

Nadie, sino Dios, podría darte lo que tu posees;
indudablemente tu exquisitez es obra natural.
Contigo nacieron múltiples virtudes
y una de ellas es tu belleza excepcional.

EL PODER DE LA EXPRESION

Necesitamos ser extremadamente hábiles
al escoger de quien somos seguidores.
Siempre será embarazoso admitir la realidad
cuando vilmente se nos induce a cometer errores.

Siempre han existido los seres
con el propicio poder de la expresión.
Irónicamente surgen en todos los tiempos
y en todo nivel social.
Es una existente condición
que para muchos es un medio de vida.
Es muy factible caer bajo su influencia
si no somos cuidadosos al escuchar.

Todos alguna vez somos vulnerables,
la palabra es una poderosa arma de persuasión.
No es siempre fácil mantenerse alerta
cuando con distorsionadas palabras
nos inducen confusión.

Nunca faltarán los audaces de la palabra,
existe una variedad que cada vez es más progresiva.
Es necesario permanecer sumamente atento,
de no ser así perderás todo el control de tu vida.

Cuidado con los innumerables morbosos genios de hoy,
algunos nacen para hacer poco, quizás nada.
Dichoso será el que logre distinguir los falsos oradores,
eludiendo así ser una víctima más de la palabra.

EL ÚLTIMO VELERO

¿Dónde estarán los extintos sueños del ayer
que con nuestra primavera nacieron?
Como errantes golondrinas, volando perdidas,
con los años desaparecieron.

¿Hacia dónde habrán ido tantas ilusiones
que con la juventud una tras otras nacieron?
Caminando al compás del destino,
en el inmenso valle todas perecieron.

Aun no es el final de nuestra jornada,
no ha concluido nuestro caminar incierto.
En el océano navega un velero cargado de esperanzas
y muy pronto llegará a nuestro puerto.

Llenas de júbilo cantan las gaviotas,
con elegantes movimientos gentilmente vuelan,
observando desde el puerto un barco que se acerca.
No importa que su llegada sea en el invierno,
incansables gaviotas con ansiedad lo esperan.

Continúa la búsqueda de ilusiones marchitas y de sueños
que con el tiempo sucumbieron.
Aún hay esperanza de encontrar
sobrevivientes realidades
que llegarán con el invierno en un solitario velero.

CELESTIAL INSOMNIO

Quizás el insomnio se manifiesta
de manera diferente en cada ser humano.
Para mí, en esta fresca mañana como en otras tantas,
es un exquisito regalo despertar temprano.

Aparece la luz de un brillante nuevo día
y mi mente despierta ilusionada.
Espontáneamente surge un sentimiento nuevo;
se despierta una inquietud latente
que precisa ser expresada.

Para explicar mi existente realidad
no tengo palabras suficientemente sabias.
Parece irrealizable esclarecer el por qué
mi mente inquieta ya no duerme en las mañanas.

Es una irremediable urgencia
expresar mis inspiraciones del día.
Como en otras tantas noches de insomnio,
me sorprende la encantadora alborada
profundamente enamorado de la vida.

Quizás ser un creativo pensador
inconscientemente me quita el sueño.
Aunque es muy hermoso soñar dormido,
es aún más fascinante soñar despierto.

MI PADRE UNICO

¡Oh mi Señor! ¡Qué grande eres!
Quiero alabarte en el día de hoy
y ante tu grandeza reconocer
lo insignificante que yo soy.

¡Oh Padre omnipotente! Tú que tanto me amas,
ayúdame a vivir en tu gracia
y en el día de hoy dale paz a mi alma.

¡Oh Padre! Sin ti mi vida está vacía
y carece de sentido y de valor.
Mis días transcurren sin luz si no los vivo en tu amor.

¡Oh Padre de misericordia infinita!
Te imploro que de mí tú tengas compasión.
Perdona mi insuficiencia y mi cobardía,
derrama tu amor en mi corazón.

¡Oh Padre de toda la creación!
¡Qué indulgente soy ante el pecado!
Apiádate de mí y ayúdame a reconocerte
para continuar siempre a tu lado.

¡Oh Padre todopoderoso y eterno!
En tus manos toda mi familia deposito.
Guíalos por la vida con tu luz divina,
dirige sus pasos para que caminen contigo.

Ten compasión de nosotros pecadores
y líbranos del eterno castigo.
Escucha la súplica que hoy te ofrecemos
en el nombre de tu hijo Jesucristo.

INHUMANIDAD

Un niño hermoso de carita alegre
va corriendo y corriendo libremente.
Con su carita de inocencia
desaparece en medio de la gente.

No le importa si se pierde,
corre y corre sin detenerse.
Juguetonamente transcurren sus horas
hasta que la oscura noche llegue.

Niño con carita sonriente y alegre
que en la multitud siempre está perdido.
Nadie sale a su encuentro y tal parece
que a nadie le importa hacia donde ha ido.

Niño inocente con tierna sonrisa
corriendo va sin ser reconocido.
Continua corriendo por calles solitarias
sin importarle a nadie hacia donde ha ido.

Inocente criatura que solo camina,
nadie se detiene a ofrecerle cariño.
Pobre niño ambulante a quien nadie conoce;
en medio de la gente se siente perdido.

Al caer la fría noche un olvidado pequeño
derramando lágrimas se quedará dormido.
Nadie irá en busca de un niño perdido.
Nadie recuerda ya aquella carita alegre y tierna
que inhumanamente ha quedado en el olvido.

DESESPERACION

Nunca piensa en nada ni por un solo instante
un hombre locamente enamorado.
No espera que una mañana al despertar
ya no exista aquel gran amor
que inesperadamente se ha marchado.

Es una amarga y brutal realidad
que como una feroz tempestad ha llegado.
Repentinamente todo se transforma en la vida
de un infeliz hombre locamente enamorado.

Desaparecen aquellas ficticias ilusiones
que generan una compleja relación.
Sufre intensamente un ser abandonado
cuando lo invade la melancolía
y la desesperación.

Llevándose la paz y las razones de vivir,
surge el desengaño cuando menos se espera.
Un ser que ciega y profundamente ama
nunca lo ve venir hasta que llega.

Cómo ni por qué nos enamoramos
no parece tener lógica ni explicación.
Tal como llegan a nosotros los sentimientos
muchas veces de igual manera desaparecen,
entonces es ineludible
que llegue el sufrimiento.

VALLE GIGANTESCO

Cruzando el gigantesco valle en silencio,
cabalgando viaja un jinete por la vida.
Sigue un sendero donde nacen jardines,
en algunos se encuentran bellas flores
y otros están saturados de espinas.

¿Qué encontrará el silencioso viajero
que continúa lleno de esperanzas?
En el inmenso valle quizás encuentre tormentas
porque nunca se sabe qué ocurrirá mañana.

Cansado de una lucha que parece interminable
cada día su paso se torna más lento.
Ya no existen las fuerzas del ayer
y muchas esperanzas se las ha llevado el viento.

Continúa su ardua misión en la vida,
sin mirar hacia atrás buscando lo perdido,
con firmeza el jinete sigue tolerando
el imponente tiempo que es su peor enemigo.

Diversas sorpresas, sin duda alguna,
encontrará el jinete en su confuso y largo camino
porque de días brillantes y de oscuras noches
está construido su destino.

Cada día que transcurre es para él
uno menos por vivir y uno más ya vivido.

MENTIRAS

¿Cuántas veces nos han dicho que nos aman
cuando en el fondo la existente realidad
era nada? Solo palabras.

¿Cuántas veces se nos ha ofrecido amistad
que solo eran halagos ficticios y nada más?

¿Cuántas veces recibimos promesas falsas
de lobos disfrazados de inocentes ovejas
que hábilmente nos engañan?

¿En quién depositar nuestra absoluta confianza?
En nuestro Dios y Creador que siempre nos ama.

¿Por qué somos tan vulnerables
a ser víctimas tantas veces?
Cuando existe una intensión morbosa,
al llegar a nosotros nunca es lo que parece.

¿Existe algún beneficio en el engaño?
Irónicamente es evidente
que siempre se aprende algo.

Son lecciones que nos recuerdan para siempre
que realmente no somos tan sabios como pensamos.

Aprecia lo que hoy tú tienes y conoces,
lo que compartes en tu vida tiene un gran valor.
Indudablemente ser realista te ayudará
a convertir tu sueño en la realidad
de un futuro mejor.

EROTISMO

Quiero saciar en ti mi sed de amar.
Quiero hacer con mis besos prisioneros tus labios.
Quiero apagar el fuego de esta pasión que me quema,
consumirlo todo entre tus brazos.

Quiero tenerte desnuda y hacerte mía
y ser tuyo yo de igual manera.
Quiero sepultar mi hombría dentro de tu cuerpo
de mujer apasionada y dulce hembra.

Quiero besarte sin fin con besos de fuego.
Quiero estar dentro de ti, mujer amada;
sentir el palpitar de tu corazón y
disfrutar de tu pasión de hembra excitada.

Quiero saborear toda tu ternura
que en el éxtasis de nuestra intimidad
brota sin control y sin reparos.
Quiero desvestirte con mil detalles
y verte temblar de ansiedad desesperada.

Te recuerdo, te deseo y necesito tu ardor.
Necesito tu sexo ardiente y húmedo de mieles.
Quiero penetrarte y sentir tus suspiros
y escuchar los orgásmicos gemidos
que sin control para mí tú siempre tienes.

ENAMÓRATE HOY

Como un fiel enamorado de la belleza,
siempre encuentro razones
para sentirme poeta.

Por vivir aferrado al amor
lo puedo ver en cada flor.

Siempre voy en busca
de realizables sueños
que hagan posible mi felicidad,
aunque estos parezcan pequeños.

Cada alborada es un día nuevo
y serenamente se despiertan
las solitarias montañas
con las mañaneras caricias del viento.

El que ama nunca está en la oscuridad,
cuando el sol se oculta
y se extinguen sus rayos
aparece la luna con su claridad.

Cuando ofrezcas una sonrisa
nunca creas que has perdido el tiempo,
tu mensaje siempre llegará a su destino
porque tu mensajero es el viento.

¡Enamórate de la vida!, ¡Enamórate hoy!
Sin precipitarte a realizar tus sueños.
A su tiempo tendrás todas las respuestas,
un día en silencio te las traerá el viento.

IGNORANDO LOS AÑOS

Una vez más surge lo que nadie espera,
otra excepción del amor ha despertado.
Incomprensiblemente, sin aparentes razones
aparecen los abuelos locamente enamorados.

Como una tragedia irreparable
lo reciben sus hijos y sus nietos.
Atemorizados no logran comprender
cómo diablo se han enamorado los viejos.

¿Qué ocurre con la abuela que tan dinámica está?
Solo ella sabe lo que su corazón siente.
Se la pasa cocinando, limpiando como loca, cantando,
hasta puede leer la biblia sin sus lentes.

El abuelo no oye, no ve, no entiende, no razona
desde que se ha enamorado sin control.
Su condición física ha mejorado enormemente,
se han fortalecido sus piernas de tal manera
que no solo camina, también corre
sin necesidad de un bastón para sostenerse.

Bendito sea dios por el gran milagro.
A los abuelos ahora no les duele nada.
¿Qué es lo que quieren de ellos su familia?
¿Acaso quieren verlos sufrir la tristeza y el dolor?
Los abuelos por si mismos han encontrado
la verdadera sustancia de vivir
y estando enamorados, es evidente
que ofrecerán más amor.

LA HISTORIA DE LA ALMOHADA

Cuando no logres dormir
y se haga eterna tu madrugada
cierra los ojos y medita en tu amor,
abrazando con ternura tu almohada.

Es infalible que podrás soñar despierta
en el recuerdo de la bella intimidad
que has vivido.
No es esencial desvelarte por tu amor
porque ahí en tu almohada está contigo.

Cuando no puedes dormir
y te agobian los recuerdos lejanos,
reorganiza tu mente y reflexiona,
abraza tu almohada y recuerda
que locamente yo te amo.

Medita profundamente
por qué no puedes dormir.
Siempre existe una respuesta
y la encontrarás dentro de ti.

Abrazando tu almohada, cierra los ojos
y abre las puertas de tu alma.
Los bellos recuerdos te harán dormir
con la serenidad que solo duerme
una mujer enamorada.
No olvides ni por un solo instante
que también a mi
me acompaña una almohada.

LABERINTO

Sin importar las razones, siempre es sorprendente
encontrarnos en un mundo desconocido.
Nadie nos ordena al tomar nuestras decisiones
que nos conducen a días colmados de conflictos.

No tenemos a quien asignarle la culpa
cuando, para bien o para mal,
actuamos solo por instinto.
Sin reparos y sin saber por qué
nos enamoramos olvidando
que podríamos entrar en un laberinto.

Con el amor llega ese mundo desconocido
con realidades que casi siempre ignoramos.
Erróneamente solo esperamos alegría
de un amor que a un laberinto puede llevarnos.

Con un corazón lastimado y confuso
ya no sabemos hacia dónde ir.
Se ha perdido la quietud y la paz
en un laberinto que nunca vimos venir.

Indudablemente es ineludible amar,
estando enamorado todo se torna distinto.
Irónicamente, todo no es siempre alegría
y podemos encontrarnos un día
en un irremediable y gigantesco laberinto.

CARTA A MI ATRACTIVA AMIGA

Amiga mía, por ser tú un símbolo de la nobleza
no mereces ser enfrentada con indiscreciones.
Tu dignidad inspira respeto incondicional.

Tu posees múltiples cualidades que lamentablemente
muchos seres humanos no pueden ver en ti
con claridad por su falta de madurez y delicadeza.
Quizás es poco erudito esperar una conducta correcta
de todos los seres que nos rodean, con los que
inevitablemente compartimos nuestro vivir.
¡Y vaya! Que algunas veces es tan difícil que parece
ser imposible afrontar las situaciones inesperadas,
no necesarias y a veces embarazosas.
Creo que eres lo suficientemente ilustrada para
seguir adelante en tu ardua lucha contra las
inquietudes mal expresadas; lo que es obvio que
en el transcurso de tu vida siempre encontrarás.

Admiro muchas cosas en tu carácter, puedo observar
tus numerosas cualidades que están más allá de tu
belleza física que es máxima, por lo tanto es lógico
que tu presencia siempre llamará la atención.
Realmente creo que tu dificultad óptima consiste
en encontrar personas que se dediquen a conocerte
y a valorarte con honestidad.
Que se detengan a descubrir quién realmente eres
y puedan apreciar tu inmenso valor como ser humano.

Soy tu amigo fiel, siempre lo he sido, siempre lo seré,
solo quiero desearte toda la suerte del mundo
para que logres a plenitud la felicidad
que tanto mereces.

MIRA A TU ALREDEDOR
(Cumpleaños para un ser especial)

Observa a tu alrededor y encontrarás
una viviente realidad que te pertenece.
Es un tesoro que muchos desearíamos tener
pero carecemos de las cualidades que tú posees.

Mira toda la belleza que hoy te rodea.
Tu familia y tus amigos nos reunimos aquí
para compartir contigo.
Es como un jardín que después de Dios,
con tu amoroso cuidado, ha florecido.

Ahí está tu tesoro palpable y auténtico;
ahí está el fruto que tanto mereces
por tu dignidad y la absoluta entrega de tu vida.
Hoy es un día muy especial para ti
y queremos expresarte
el respeto y la admiración
que tú a todos nos inspiras.

Aunque es obvio que tú lo sabes,
hoy queremos recordarte
lo mucho que te apreciamos.
Aunque no creo posible que solo con palabras
lograremos decirte hasta qué grado.

Tu calidad humana es hoy
y siempre será indiscutible.
La fascinante historia de tu vida
es para muchos un ejemplo a seguir.

Porque eres un ser especial,
tu alegría es contagiosa
y tu abnegación indestructible.

Hoy todos te deseamos que el Señor te bendiga.
Que te permita cumplir felizmente
muchísimos años más admirando
con orgullo ese creciente jardín
que tú has regado con tu amor sin fin
durante el transcurso de tu vida.

Por ser una mujer ejemplar, tierna y firme
hoy eres bendecida desde lo alto.
Nunca olvides que tú estás en el corazón
de los que tenemos el privilegio
de permanecer a tu lado.

Te deseamos que todos tus sueños
sean para ti una realidad en éste tú día.
Porque todos te queremos y te apreciamos
estamos aquí para decirte:

"Feliz cumpleaños, María."

NUNCA SABRE POR QUÉ

Quiero que me escuches en silencio
porque te hablaré con murmullos tiernos.
Necesito mirarte a los ojos,
quiero embriagarme con su luz
y en el silencioso embrujo
depositar en tus ardientes labios
muchos tiernos y cálidos besos.

Voy a hablarte solo con mis versos
y espero que tú quieras escucharme.
Ineludiblemente tú estas
en todos mis profundos sueños,
que cada vez más y más me hacen desearte.

Me pregunto y no encuentro una respuesta
y quizás nunca la encontraré.
¿De dónde procede este amor tan recóndito?
Creo que te amaré toda mi vida
y nunca sabré por qué.

Amarte tanto es a veces confuso y cruel,
es como un fascinante y extraño martirio.
Es un sentimiento inexplicable y poderoso.
Solo tú existes en mi cautivo corazón,
todo lo demás ha quedado en el olvido.

Porque eres la dueña única de todo mi sentir
es indudable que nuevos versos nacerán
para que con ellos pueda yo decirte,
que sin ti todas mis ilusiones morirán.

ALBORADA GRIS

Allá en lo alto,
detrás de la oscura montaña,
una nube gris, opaca y persistente,
desafía la luz del sol
que se oculta de repente.

Todo lo cambia una desafiante nube gris.
Es una alborada de pocos colores,
la montaña pacientemente espera
que penetren los rayos del sol
para darle a la vida nuevos amores.

Tener esperanza se hace imprescindible,
cada minuto de espera es una eternidad.
Aun no penetra la luz tan esperada
y la montaña descansa en la oscuridad.

No importa cómo el día comienza;
el triunfo de la luz se manifiesta siempre.
Los rayos del sol con seguridad prevalecerán
para inyectar vida a todo lo viviente.

Si en tu día hoy es escasa la luz,
no es favorable adaptarte a la oscuridad.
Es esencial mantener viva tu fe
y de nuevo para ti el sol brillará.

INDICE

Abnegación materna, 8
Ovejas que siguen a su pastor, 9
Inexplicable, 10
Rio de pasiones, 11
Absoluta quietud, 12
Nostalgia, 13
Te he buscado y no encuentro, 14
Hombre honorable y singular, 15
Despertar en los jardines de P. Beach, 16
Aflicción, 17
Salvaje y cruel belleza, 18
Flores que nunca se marchitan, 19
Doloroso caminar, 20
Imperfecta sociedad, 21
Lo esencial, 22
Imploración II, 23
Amor y tolerancia, 24
Detalles valiosos de nuestro vivir, 25
Recónditas heridas, 26
Versos, 27
Completar una meta, 28
Vocabulario del amor, 29

Felicidad, que hermosa palabra, 30
En los años dorados, 31
La envidia, morbosa condición, 32
Cuerpo viejo con piel arrugada, 33
Gracias, Padre, 34
Alabanza al Padre, 35
No dejes escapar tu primavera, 36
Intensidad, 37
Rio de pasiones, 38
Roca invencible, 39
Valentía, 40
Latente realidad, 41
Sin lógica ni fundamento, 42
Valor de la perseverancia, 43
La belleza de amar, 44
Los personajes de la cafetería, 45
Hoy me pregunto, 47
Por que, 48
La búsqueda de un pensador, 49
Me gusta escucharte, 50
Los expertos en la falsedad, 51
Nuestras raíces, 53
Habrán preguntas al final, 56
Mientras tú duermes, 57

Fascinación, 58
Lo que no queremos escuchar, 59
Nuestras limitaciones, 60
Riquezas, 61
Aislamiento humano, 64
Tu futuro ya existe, 66
El misterio de amar, 67
Amor adolescente, 68
Secreto durmiente, 69
Los verdaderos sabios-los niños, 71
Recordando a tía Elvira, 72
Recordando al abuelo Raúl, 73
Temor a lo desconocido, 74
Triste lamento, 76
Fe y esperanza, 77
Privilegio de existir, 78
Realidad de los milagros, 79
Mi porción de acción, 80
Fascinación otoñal, 81
Como he llegado hasta aquí, 82
Intimidad perfecta, 83
La experiencia viene de los anos, 85
Oscuridad y luz, 86
En el invierno de mi vida, 87

En el tallo de la rosa, 88
Aguas en silencio, 89
Seguridad incuestionable, 90
Lecciones de la vida, 92
Lo que te hace más bella, 93
El poder de la expresión, 94
El último velero, 95
Celestial insomnio, 96
Mi padre único, 97
Inhumanidad, 98
Desesperación, 99
Valle gigantesco, 100
La mentira, 101
Erotismo, 102
Enamórate hoy, 103
Ignorando los años, 104
La historia de la almohada, 105
Laberinto, 106
Carta a una atractiva amiga, 107
Mira a tu alrededor, 108
Nunca sabré por qué, 110
Alborada gris, 111

116

www.ingramcontent.com/pod-product-compliance
Lightning Source LLC
Chambersburg PA
CBHW051724170526
45167CB00002B/786